스웨덴을 위해 왕위에서 물러난
크리스티나

스웨덴을 위해 왕위에서 물러난 크리스티나

2010년 7월 15일 초판 1쇄 발행
2017년 10월 20일 초판 4쇄 발행

글 김은희 / 그림 최우빈 · Top Space
펴낸이 이철규 / 펴낸곳 북스
편집 김세영 / 편집디자인 박근영 / 마케팅 이종한

편집부 02-336-7634 / 영업부 02-336-7613 / FAX 02-336-7614
홈페이지 http://www.vooxs.kr / 등록번호 제 313-2004-00245호 / 등록일자 2004년 10월 18일

주소 서울특별시 광진구 동일로 4길 32 2층
값 9,800원
ISBN 978-89-6519-001-1 74800
　　　978-89-91433-70-0 (세트)

잘못된 서적은 구입하신 서점에서 교환하여 드립니다.
이 책은 저작권법에 의해 보호를 받는 저작물이므로 불법 복제와
스캔 등 무단 전재 및 유포 · 공유를 금합니다.

스웨덴을 위해 왕위에서 물러난
크리스티나

글 김은희 그림 최우빈 · Top space

머리말

스웨덴의 왕관을 과감히 벗어버린
유럽의 여왕, 크리스티나

    스웨덴은 유럽의 북쪽에 위치한 나라로, 아름다운 유리 제품과 얼음 호텔 등의 관광지로 유명합니다. 조금 더 과거로 거슬러 올라간다면 거친 바다를 누비던 바이킹을 떠올릴 수도 있습니다.

    그리고 또 한 사람, 이 책을 통해 스웨덴 역사에서 빼놓을 수 없는 인물을 소개할까 합니다. 결혼도 하지 않은 채 당당히 여왕이 된 크리스티나 가 바로 그 주인공입니다.

    구스타프 2세의 딸로 태어나 공주가 아닌 왕자처럼 길러지고 자란 크리스티나는 아버지의 바람대로 왕위에 오릅니다. 하지만 28세라는 젊은 나이에 스스로 왕위에서 물러나 퇴위해버리고 맙니다.

    유럽 역사상 단 한 번도 전례가 없던 이 사건으로 유럽의 모든 사람들의 호기심 어린 시선이 크리스티나에게 집중됩니다. 하지만 그녀는 끝내 그 이유를 밝히지 않았고, 몇백 년이 지난 지금까지도 비밀로 남아 있답니다.

　이 책은 지아와 한별이 떠나는 두 번째 시간여행입니다. 과거의 상처로 인해 마음을 닫은 지아와 천방지축 한별이 어떤 모험을 할까요? 또 꽁꽁 얼어붙은 지아의 마음은 언제쯤 녹을까요?

　여러분도 궁금하다고요?
　그렇다면 이제 숲과 얼음의 나라, 스웨덴으로 떠날 시간이랍니다.

행복을 꿈꾸는 동화작가 김은희

차 례

머리말_ 스웨덴의 왕관을 과감히 벗어버린 유럽의 여왕, 크리스티나 …6

거울 속 새로운 세상과 만나다 ▪▪▪▪ 10

신비로운 매력을 지닌 소년, 크리스 ▪▪▪▪ 23

뱀의 눈빛을 가진 불청객 ▪▪▪▪ 56

전쟁의 그림자 ▪▪▪▪ 96

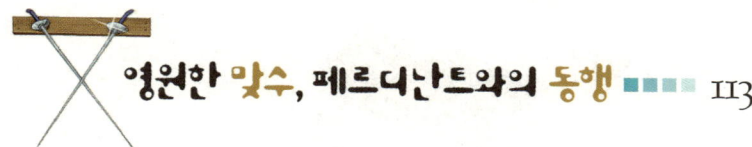 영원한 맞수, 페르디난트와의 동행 ■■■■ 113

 핏빛 대지 베스트팔렌 ■■■■ 133

 조국 스웨덴을 위하여 ■■■■ 160

 크리스티나의 선택, 그리고 웃으며 안녕 ■■■■ 183

부록_ 스웨덴의 평화를 가져온 크리스티나 여왕의 시대 …214

거울 속 새로운 세상과 만나다

"이쪽에 걸면 될까요?"

몇 번이나 똑같은 질문을 하는 집사에게 지아는 낮은 한숨과 함께 고개를 끄덕였다. 머리가 하얗게 센 그는 귀찮아하는 지아의 얼굴을 확인했으면서도 좀처럼 방을 떠나지 않았다. 떠나기는커녕 방문 앞을 지나치는 하녀가 보일 때마다 일일이 손짓을 해 부르며 말했다.

"아가씨가 특별히 아끼시는 거울이니까 반짝반짝하게 닦아."

"그다지 아끼진 않아요."

하지만 집사는 지아의 말을 들은 척도 하지 않았다. 하녀들도 마찬가지였다. 하녀들은 집사의 말에 반색을 하며 지아의 방으로 뛰어들었다.

지아는 아예 고개를 돌려 버렸다. 하지만 가끔씩 슬쩍슬쩍 살펴보는 그녀의 눈길에는 작으나마 호기심이 어려 있었다. 사소한 변화였지만 그 미묘한 차이를 하녀들은 재빨리 알아챘다.

"어머! 정말 아끼시나 보다."

"호호호! 저희들이 먼지 하나 없이 닦아 놓을게요."

지아가 아니라 집사를 향해 하는 말이었다.

요란한 웃음소리에 지아는 또다시 한숨을 내쉬었다. 당나라에서 돌아온 이후, 지아는 거울을 반송시키거나 깨 버리는 대신 방의 한쪽 벽에 걸어 두기로 마음먹었다. 미랑과의 추억을 소중히 간직하기 위해서였다.

그 뜻을 내비치자마자 집사는 저렇게 직접 망치를 가지고 달려왔다. 그 다음은 눈앞에 보이는 대로 난리였다. 학교를 마치고 달려온 한별까지 가세해서 이쪽이 낫네, 저쪽이 더 낫네 하며 참견을 했다.

애써 시선을 창밖으로 돌리고 무심을 가장하던 지아가 결국 빽 소리쳤다.

"그냥 아무데나 걸어요!"

결국 거울은 커다란 창을 마주 보는 벽 한가운데에 자리를 잡았다. 온통 레이스로 뒤덮인 가구들뿐이어서 고풍스러운 청동 장식의 거울은 약간 이질적으로 보일 수도 있었다. 하지만 거울은 의외로 원래부터 그 자리에 있었던 것처럼 다른 물건들과 조화를 이루었다. 지아도 벽에 얌전히 걸린 거울을 보며 만족한듯 슬쩍 미소를 지었다. 그리고 자신을 비춰 보았다. 짙고 검은 머리칼의 또 다른 자신 역시 거울 속에서 자신에게 미소를 짓고 있었다.

뭇사람들에게 짐짓 아닌 척 무표정으로 가장한 지아였지만, 사실 이 거울은 그녀에게 특별한 의미를 가지고 있었다.

부모님과 할머니를 죽게 만들었다는 죄책감과 이런 이유로 할아버지의 미움을 사고 있다는 괴로움 때문에 늘 자신을 책망해 왔던 지아였다. 게다가 어렸을 때부터 집안의 과잉보호로 인해 언제나 방에서 혼자 놀 수밖에 없었던 그녀는 친구와 어울리는 방법을 몰라 외톨이가 된 터였다. 하지만 미랑과의 당나라 여행을 통해서 어두웠던 자신의 마음이 조금은 밝게 그리고 상냥하게 변했다. 비록 남들이 잘 알아채지 못할 정도의 미미한 것이었지만 예전의 지아에 비하면 많이 달라진 것이다. 이토록 지아의 성격을 변화시켜 준 통로가 바로 이 거울이기 때문에 당연히 소중한 여겨야 할 것이었다.

그리고 또 하나, 가까이 하고 싶어도 그럴 수 없었던 할아버지의 선물이었기에 더욱 관심을 가질 수밖에 없었다. 늘 지아에게 싸늘한 눈빛으로 대했던 할아버지가 지아를 위한 생일 선물을 준비했다는 것은 실로 놀라운 일이었다.

지아는 자신도 느끼지 못하는 사이에 얼음장같이 차가웠던 마음을 조금씩 열고 있었다.

그때, 짧은 노크 소리와 함께 문이 열렸다. 집사였다. 귀찮고 번거로운 생일 파티에 대해 이야기를 하러 온 거면 딱 잘라 거절할 생각이었는데 그게 아닌 모양이었다. 지아는 긴장한 듯 굳어진 집사의 얼굴을 보며 고개를 갸웃거렸다. 지긋한 나이의 그는 웬만해서는 긴장하는 일이 없었기 때문이었다.

"아가씨, 회장님께서 돌아오셨습니다."

집사의 짧은 한 마디에 이번에는 지아의 얼굴이 딱딱하게 굳어졌다.

긴 식탁이 놓인 식당에는 비서들에 둘러싸인 할아버지가 이미 식사를 하고 있었다. 하지만 그의 앞에는 요리보다 비서들이 늘어놓은 서류들이 더 많았다. 지아의 발소리에도 할아버지는 고개조차 들지 않았다.
"다음 달에나 오실 줄 알았어요."
지아는 할아버지와 마주 보이는 가장 먼 자리에 앉으며 말했다. 평소에는 한 마디도 하지 않던 지아였기에 할아버지는 잠시 의아한 듯 고개를 들었다.
하지만 그것도 잠시, 할아버지는 다시 서류 쪽으로 눈길을 주며 짧게 대꾸했다.
"급히 처리해야 할 일이 있어서 잠깐 들른 것뿐이야. 내일 해가 뜨기 전에 프랑스로 돌아갈 거다."
짧은 대화가 오가는 동안 지아의 앞에 맛깔스러운 음식들이 차례로 놓여졌다. 일류 요리사가 직접 만든 음식들은 모양과 냄새, 맛까지 어느 하나 흠잡을 데 없이 완벽했다.
하지만 아무 말도 하지 않고 서류만 뚫어져라 바라보는 할아버지와 단둘이 마주 앉은 지아는 음식 맛을 느낄 여유가 없었다. 기계적으로 수저를 움직이고는 있지만 마치 톱밥을 씹는 기분이었다.
이윽고 식사를 끝낸 지아가 머뭇거리며 입을 열었다.
"선물… 고맙습니다."
마침 할아버지도 식사를 끝낸 참이었다. 그는 커피를 마시려다 말고 무슨 소리를 하느냐는 듯 의아한 표정을 지었다.

지아는 조금 더 용기를 짜내 보기로 했다.

"생일 선물로 주신 거울이요. 마음에 들어요."

그때 할아버지의 등 뒤에 서 있던 비서 중 한 명이 당황한 얼굴로 할아버지의 귓가에 뭐라고 작게 속삭였다. 그의 말을 듣는 동안 할아버지의 얼굴이 점차 불쾌한 듯 일그러졌다.

"생일? 그런 건 알아서 처리하라고 했을 텐데?"

작은 목소리였지만 식당은 무척 조용했기에 그의 목소리는 모두의 귓가로 파고들기에 충분했다. 지아는 무릎 위에 놓인 손을 꽉 맞잡으며 물었다.

"그러니까 할아버지께서 고르신 게 아니라 저 아저씨가 '처리' 하신 거라고요?"

"내가 그런 하찮은 것까지 일일이 신경 쓸 정도로 한가한 사람으로 보이느냐?"

할아버지는 당연하다는 듯 툭 내뱉고는 짜증스러운 얼굴로 식당을 떠났다.

할아버지와 비서들이 떠난 식당에 홀로 남겨진 지아는 창피함과 수치심에 고개를 숙였다. 긴 머리카락이 마치 장막처럼 얼굴 위로 드리워졌다.

"아가씨, 회장님께서는 단지…."

위로의 말을 던지려던 집사는 뒷말을 삼켰다. 다시 고개를 든 지아의 얼굴이 무표정하게 굳어 있었기 때문이었다. 힘들게 녹기 시작한 지아의 마음이 다시 얼어붙었다는 것을 직감적으로 알 수 있었다. 안타까움이 주름진 눈가에 고스란히 묻어났다.

"지아야, 문 좀 열어 볼래."

한별은 안쪽에서부터 단단히 잠긴 지아의 방문을 조용히 두드렸다. 학교에서 돌아오자마자 식당에서의 일을 전해 듣고는 가방도 내려놓지 않은 채 달려온 길이었다.

방 안쪽에서는 아무런 반응도 없었다. 하지만 한별은 포기하지 않고 몇 번이고 계속해서 문을 두드렸다.

마침내 문 안쪽에서 짧은 대꾸가 흘러나왔다. 지아의 목소리였다.

"귀찮게 하지 말고 가."

"아까 식당에서 있었던 이야기 들었어. 내가 다 속상하더라. 집사님이랑 누나들, 경호원 아저씨들도 모두 회장님에게 단단히 화났어. 실망도 많이 했고."

"……."

지아의 대답은 없었다. 한별은 조금 전과는 다르게 일부러 밝은 목소리를 냈다.

"그래서 말인데 회장님 빼고 우리끼리 네 생일 파티를 열자. 어때? 회장님이 약이 오를 정도로 신나게 노는 거지. 주방장 아저씨도 오랜만에 실력 발휘해서 무려 5층 케이크를 만들었어. 누나들이랑 아저씨들도 멋지게 차려입었다니까."

이번의 제안은 효과가 있었는지 문손잡이가 조용히 돌아갔다. 하지만 살짝 열린 문틈으로 보이는 지아의 얼굴은 예전보다 더욱 어둡고

차가웠다. 지아는 싸늘한 눈으로 한별을 쏘아보며 말했다.

"동정 따윈 필요 없어. 특히 너의 동정은. 그러니까 쓸데없는 참견하지 마."

쾅!

지아의 말이 끝남과 동시에 한별의 코앞에서 문이 닫혔다. 곧이어 철컥, 하며 걸쇠를 거는 소리까지 들리자 한별은 한숨을 내쉬며 돌아설 수밖에 없었다.

1층으로 내려가는 계단 아래에는 집사와 경호원 아저씨, 앞치마를 손에 쥔 하녀 누나들이 모여 있었다. 한별은 그들에게 고개를 저어 보였다.

"도저히 안 되겠니?"

안타까운 눈빛으로 집사가 한 번 더 물었다. 한별의 어깨가 조금 더 아래로 축 쳐졌다.

"죄송해요, 아저씨."

지아는 불빛 하나 없는 어두운 방 한 구석에 무릎을 감싸고 앉아 있었다. 그런 지아의 모습을 정면 벽에 걸린 거울이 그대로 비추고 있었다. 한참 만에 고개를 든 지아의 눈에 거울에 비친 자신의 모습이 보였다. 헝클어진 머리카락 사이로 창백한 얼굴과 붉게 충혈된 눈동자, 최대한 웅크린 어깨는 가뜩이나 마른 자신을 더욱 작고 여려 보이게 했다. 마치 버려지고 상처 입은 고양이 같다고 지아는 생각했다.

"비참해."

목소리를 내자 거울 속의 자신도 따라서 입을 벙긋거렸다.

지아가 또 다시 불쑥 말했다.

"누군가… 어디로든 데리고 가 줘."

푸념 섞인 목소리가 텅 빈 방 안을 공허하게 맴돌았다. 지아는 결국 실없이 웃고 말았다.

"훗. 나 미쳤나 봐. 가긴 어디로 간다고."

그 순간, 단단해야 할 거울 표면이 거짓말처럼 조용히 일렁이기 시작했다. 그리고 그 파장에 맞춰 춤이라도 추듯 빛이 흘러나왔다.

처음에는 미약하게 시작된 빛은 점점 밝아져 나중에는 거울 전체가 맑은 우윳빛으로 빛났다. 자세히 살펴보자 그 불투명한 빛의 뒤쪽으로 누군가의 실루엣이 보였다. 그리고 그 실루엣은 방금 전 지아가 했던 말과 비슷한 말을 속삭였다.

"날 다른 곳으로 데리고 가 줘. 난 이제 지쳤어."

자신만큼이나 메마른 그 음성에 지아는 신기함과 함께 호기심이 들었다. 슬며시 몸을 일으켜 거울 쪽으로 다가갔다. 그리고는 가만히 그 빛에 손을 댔다. 그러자 놀랍게도 뿌옇던 거울이 지아의 손이 닿은 곳부터 투명해지기 시작했다.

뿌연 안개가 바람에 흩어지듯 또렷해진 거울 저편에 서 있는 것은 자신 또래로 보이는 소년이었다. 놀란 듯 눈을 동그랗게 뜬 그는 무척이나 아름다웠다. 핏줄이 들여다보일 정도로 뽀얀 피부에 중세 유럽의 궁정에서나 입을 법한 화려한 옷, 칠흑 같은 검은 머리카락이 어깨까지 내려온 모습이 마치 만화책에서 튀어나온 것만 같았다.

하지만 그보다 지아의 눈길을 사로잡은 것은 소년의 눈이었다. 상처를 간직한 듯 깊이 가라앉은 청회색 눈동자는 색이 다르기는 했지만 거울을 통해 늘 보아 오던 자신의 것과 꼭 닮아 보였다.

그래서일까 지아는 평소와는 다르게 먼저 말을 걸었다.

"안녕? 난 지아야. 한지아. 넌 누구니?"

"난 크리스. 스웨덴의 황…자야."

"황족이라니 대단한데?"

감탄 어린 지아의 말에도 크리스의 얼굴은 굳어진 그대로였다.

"황족이라고 다 좋지는 않아. 특히나 원하지 않는 사람에게는…."

슬며시 말끝을 흐리는 크리스의 대답에 지아는 더 이상 묻지 않았다. 단지 자신과 닮은꼴인 그를 한동안 잠자코 바라볼 뿐이었다.

크리스도 마찬가지로 조용히 지아를 응시했다. 처음 만난 두 사람이었지만 둘은 왠지 모를 친밀함을 느꼈다. 서로가 마치 진짜 거울을 보는 듯한 기분이었다.

예상 밖의 말을 한 것은 크리스였다.

"그런데 너, 조금 아까 그곳에서 도망치고 싶다고 했지? 여기라도 괜찮다면 올래?"

지아는 자신도 모르게 피식 웃었다.

"그쪽으로 오라고? 어떻게? 우린 서로의 거울 속에 있잖아."

"하긴…. 하지만 정말로 널 만날 수 있다면 좋을 텐데."

크리스도 지아와 비슷한 미소를 지으며 반은 장난 섞인, 반은 아쉬운 듯 한쪽 손을 앞으로 내밀었다. 그의 손은 거울에 막혀 멈췄다. 지아도 반쯤 장난삼아 그곳에 손바닥을 댔다.
"나도 네 손을 잡고 그곳으로 갈 수 있으면 좋겠어. 여긴 정말 싫거든."
거울을 사이에 두고 두 사람의 손이 맞닿았다.
파아앗!
바로 그 순간, 잔잔하던 빛이 한순간 강렬하게 폭발했다. 순식간에 터져 나온 빛의 폭풍에 지아는 두 눈을 질끈 감았다.
잠시 후, 지아는 슬그머니 감았던 눈을 떴다. 그리고는 그대로 굳어 버렸다. 여전히 눈부시게 빛나는 거울의 중앙에서 거짓말처럼 크리스의 손가락이 뻗어 나오고 있던 것이다. 지아는 이 비현실적인 광경에 눈조차 깜빡일 수 없었다.
손목까지 내밀어진 크리스의 손은 마침내 지아의 코앞에서 멈췄다. 잠시 빛 속에서 튀어나온 그의 투명한 손을 홀린 듯 바라보던 지아가 천천히 손을 내뻗었다. 조금 전 자신을 바라보던 할아버지의 싸늘한 눈빛이 떠올랐기 때문이었다.
'그래. 그 눈빛에서 도망칠 수만 있다면 어디라도 괜찮아.'
마침내 지아의 손이 크리스의 손끝에 닿았다. 갓 떠오른 햇살인 듯 따뜻한, 그 기분 좋은 온기에 지아는 마음 한구석에 남아 있던 망설임을 깨끗이 밀어냈다. 그리고 크리스의 손길이 이끄는 대로 한 발 앞으로 걸음을 내딛었다.
콰앙!
"지아야!"
막 지아가 거울 속으로 들어서려는 순간, 단단히 잠근 문이 요란하게 흔들리며 한별의 고함 소리가 들렸다. 잠시 멈칫했던 지아는 이내 고개를 가볍게 흔들었다. 그리고 눈부신 빛 속으로 그대로 걸어 들어갔다.
　콰앙!
　"한지아! 거기 서!"
　동시에 방문이 부서질 듯 열리며 한별이 방 안으로 뛰어 들었다.

　깊은 밤, 한별은 정원을 서성거리며 생각에 잠겨 있었다. 어렵게 마음을 열기 시작한 지아가 다시 예전으로 돌아갈까 걱정이 돼 잠을 이룰 수 없었다. 그동안 끊임없이 노력해 온 한별이지만 지아와 회장님의 관계는 정말 풀기 힘든 숙제였다.
　그때 2층 창문에서 폭발하듯 빛이 뿜어져 나왔다. 그곳은 바로 지아의 방이었다.
　한순간 한별의 머릿속이 하얗게 변해 버렸다.
　'거울!'
　당나라에 갔을 때와 똑같았다. 번개를 맞은 듯한 충격이 머리끝부터 발끝까지 전해져 왔다. 한별은 숨도 쉬지 않고 계단을 뛰어올랐다. 그리고는 잠긴 지아의 방문을 향해 온몸을 부딪혔다.
　콰앙!
　단단한 걸쇠는 한 번에 부서지지 않았다. 하지만 한별은 포기하지 않았다. 다시 한 번, 또 한 번. 마침내 걸쇠가 부서졌다.
　"지아야!"
　나뒹굴듯 방 안으로 들어선 한별의 눈에 가장 먼저 띈 것은 눈부시게 빛나는 거울이었다. 한별은 생각할 겨를도 없이 거울 속으로 몸을 날렸다.

"한지아! 거기 서!"

한별마저 거울 속으로 빨려 들어간 순간, 방 안을 가득 채웠던 빛은 마치 폭발하듯 둥근 빛무리를 뿌리며 사방으로 퍼졌다. 집사를 비롯하여 잠자리에 들려던 저택 안의 모든 사람들은 난데없이 들이닥친 사나운 빛의 파편에 일제히 방문 밖으로 뛰어나왔다. 그 중에는 지아의 할아버지도 끼어 있었다.

빛은 한순간에 사라지고 저택은 다시 어둠에 잠겼다. 사람들은 고개를 갸웃거리며 다시 방으로 돌아갔다. 하지만 집사는 뭔가 께름칙한 느낌이 들어 다급히 2층 계단을 올라갔다. 사방이 환해지기 직전 다급한 한별의 목소리를 얼핏 들은 것 같아서였다.

2층에 오른 그의 눈에 지아의 부서진 방문이 보였다. 그는 다급히 방 안으로 들어서며 벽을 더듬었다. 스위치를 올리자 천정의 전등이 켜지며 방 안은 금세 환해졌다.

방은 텅 비어 있었다. 다만 부서진 걸쇠와 문손잡이 파편, 그리고 한별의 슬리퍼 한 짝만이 뒹굴고 있었다. 집사의 얼굴에 짙은 그림자가 드리워졌다.

"아가씨…. 한별아…."

신비로운 매력을 지닌 소년, 크리스

　빛 속으로 한 발 내딛은 지아는 그 아찔한 눈부심에 두 눈을 질끈 감았다. 빛은 시간과 공간을 억지로 잡아 비틀 듯 지아의 전신을 사납게 할퀴고 지나갔다. 두 눈을 감고 있었는데도 머릿속이 온통 하얗게 변해버릴 것만 같은 강렬한 충격이었다. 등 뒤에서 자신의 이름을 부르는 한별의 목소리가 꿈결처럼 아득히 들려왔다.

　잠깐인 것 같기도 하고 아주 오랜 시간인 것 같기도 한 빛의 터널을 지난 뒤, 문득 지아는 자신의 발이 단단한 바닥을 딛고 있다는 것을 깨달았다. 눈을 슬그머니 떠 보니 깜짝 놀란 듯 눈을 크게 뜬 크리스가 바로 앞에 서 있었다. 거울을 통해 본 것보다 훨씬 더 예쁘고 단정한 모습이었다.

　"어떻게… 어떻게…?"

크리스는 여전히 희미한 빛을 발하고 있는 거울과 그 거울에서 사뿐한 걸음으로 걸어 나온 지아를 번갈아 바라보며 같은 말을 묻고 또 물었다.

지아 역시 놀라기는 마찬가지였다. 설마 정말 이곳으로 올 수 있을 줄은 상상도 하지 못했었으니까.

둘 중 지아가 조금 더 일찍 침착함을 되찾았다. 시공을 뛰어넘어 당나라의 무미랑을 만났던 경험이 있었기 때문이었다.

지아가 말했다.

"네가 초대했잖아? 기억 안 나?"

크리스는 그제야 자기가 아직도 지아의 손을 꼭 잡고 있다는 사실을 깨달았다.

"아! 미, 미안."

화들짝 놀라 손을 놓으며 그는 얼굴을 붉혔다.

지아가 괜찮다는 듯 작게 웃었다.

"네 말대로 네가 스웨덴의 황자라면 당연히 장소는 스웨덴일 테고, 지금은 몇 년도야?"

"응? 아아, 1645년."

"으음, 그럼 한창 전쟁 중이겠구나?"

잠시 기억을 뒤적이고 건넨 지아의 질문에 크리스는 여전히 멍한 얼굴로 고개를 끄덕였다.

지아는 크리스의 반응에 피식 웃으며 주변을 돌아보았다. 거울이 놓여 있는 방은 무척 컸다.

'아니지, 오히려 탑이라고 불러야 하나?'

둥근 바닥에 높은 천정이 있고 온통 바람에 깎여 갈라진, 커다랗고 네모난 회색의 화강암 덩어리로 만들어진 이곳은 방이라기보다는 탑이라고 불리는 게 옳을 것 같았다.

게다가 동서남북 네 방향으로 뚫린 창문으로는 날카로운 소리와 함께 매서운 바람이 쉴 새 없이 들이닥쳤다. 바닷가 특유의 소금 냄새가 실린 바람이 들이치는 그 창을 통해 얼핏 새까맣게 보일 정도로 짙푸른 북부 유럽의 바다가 엿보였다.

창문을 통해 아래를 내려다보니 탑과 연결된 성이 보였다. 중세 고딕 양식의 전형으로 지어진 성은 차가운 바닷바람을 이겨내기 위해 단단한 돌로 되어 있으며, 크지 않으면서도 웅장한 멋을 간직하고 있었다. 발걸음을 옮겨 다른 쪽 창을 내다보니 초록이 짙다 못해 검게 보일 정도의 숲이 보였다. 그리고 또 다른 방향으로는 빠른 속도로 바다를 향해 흐르는 강이 내려다 보였다.

지아가 감탄한 듯 미소를 짓자 크리스가 말했다.

"이곳은 스웨덴 북쪽, 라플란트의 룰레오야. 유럽이라기보다는 북극권이라고 해야 할 정도의 오지지. 워낙에 외진 곳이라 전쟁에 휘말릴 염려가 없다는 이점도 있어. 이 성은 돌아가신 아버지가 세운 거야. 발트 해에 가끔 해적이 출몰하거든."

지아는 고개를 끄덕였다. 크리스의 말대로 사방 어디를 살펴봐도 마을이나 다른 건물은 보이지 않았다. 하지만 의문점도 생겼다.

'황자라면서? 그런데 왜 이런 외진 곳에…?'

"으아아아아!"

그때, 아까보다 흐릿해지기는 했지만 여전히 빛이 일렁이는 거울에서 한별이 튀어나왔다.

쿠당탕!

"끄아아! 아프다!"

딱딱한 돌바닥에 몇 바퀴를 구르다가 철퍽 엎어진 한별은 대뜸 비명부터 질렀다. 그러다가 문득 생각난 듯 벌떡 일어서 소리쳤다.

"야! 한지아! 진짜 너무한 거 아니야? 겁도 없이 너 혼자 건너오면 어떻게 해? 까딱하면 내가 못 따라올 뻔했잖아!"

한별의 고함에 기분이 상한 듯 지아가 눈을 치켜뜨며 그를 째려보았다. 그러자 한별은 주눅이 든 듯 약간 어깨를 움츠리며 고개를 돌렸다. 그러자 비로소 지아의 곁에 바싹 붙어 선 크리스가 보였다. 눈초리가 절로 가늘어졌다.

"뭐야? 너 누구냐?"

"나? 난 크리스라고 해."

"누가 이름 물었어? 정체가 뭐냐고?"

"난 스웨덴의 황자야."

한별은 잠시 눈을 가늘게 떴다가 폭소를 터뜨렸다.

"뭐? 스웨덴 황자? 푸하하! 그럼 네 아버지가 왕이야? 너도 나중에 왕이 되겠구나?"

한별은 눈물까지 그렁그렁 맺힐 정도로 웃어 댔다.

"너 되게 웃긴다. 지아야, 쟤 말 들었냐? 지가 황자래."

"들은 대로 크리스는 이곳 스웨덴의 황자야. 지금은 1645년이고."

"우하하! 너도 쟤 말을 믿는 건… 어어, 진짜야?"

또다시 한바탕 웃으려던 한별이 지아의 싸늘한 목소리에 입을 닫았다. 그리고는 휘둥그레진 눈으로 크리스를 돌아보았다.

크리스는 자신의 말이 맞는다는 걸 확인시켜 주려는 듯 강하게 고개를 끄덕였다. 그 대답은 한별을 좌절하게 만들었다.

"안 돼! 다음 주면 방학이란 말이야. 기왕 올 거면 학기 초에 오면 좋잖아!"

머리털을 쥐어뜯으며 알 수 없는 괴성을 질러 대던 한별이 문득 크리스를 다시 돌아보았다. 투명한 피부에 신비할 정도로 특이한 청회색의 눈동자의 그는, 나란히 선 지아와 너무나도 잘 어울려 보였다.

'무슨 사내 녀석이 저렇게 예뻐?'

한별은 아까보다 훨씬 더 까칠한 목소리로 말했다.

"그런데 너, 아까부터 왜 지아랑 그렇게 가까이 서 있는 거야? 당장 떨어져."

한별이 주먹을 불끈 쥐자 크리스가 놀란 듯 뒤로 몇 걸음 물러섰다.

모처럼 호감을 가진 그를 위협하는 한별의 행동에 화가 난 것은 지아였다.

"강한별, 그만 해."

싸늘한 목소리가 지아의 입에서 흘러나왔다.

"내가 뭘?"

"뭔지 몰라? 네가 크리스를 겁주고 있잖아. 쟨 내 친구야. 아무리 너라도 더 이상 괴롭히는 건 용서 못 해."

이번에는 한별이 화가 날 차례였다.

"치, 친구? 언제 봤다고 벌써 친구야? 잘 알지도 못하잖아."

"너도 처음 만나는 애랑 친구 하잖아. 나라고 못하라는 법 있어?"

"저기 얘들아, 싸우지 말고…."

지아와 한별 사이에 오가는 눈빛이 심상치 않자 크리스가 끼어들었다. 하지만 그것은 한별의 화를 더욱 부채질할 뿐이었다. 한별이 그의 어깨를 밀치며 소리쳤다.

"넌 끼어들지 마!"

한별에게 떠밀린 크리스가 뒤로 서너 걸음이나 물러섰다. 지아의 눈초리가 정말로 화가 난 듯 사나워졌다.

"강한별! 너 정말 이렇게 나올래?"

"지아야, 난 괜찮아. 그리고 한별이도 내 말 좀 들어 봐. 이제 곧 해가 질…."

크리스는 곤란한 얼굴로 말했다. 하지만 지아와 한별 두 사람 모두 그의 목소리에 귀를 기울일 생각은 전혀 없어 보였다.

"넌 끼어들지 마."

"맞아. 이건 나랑 지아 사이의 일이야. 너 같은 녀석이 끼어들 이유가 없다고."

"얘들아, 해가 지면 엄청 춥단 말이야. 계속 싸우면 나 먼저 간다?"

크리스가 다시 말했다. 하지만 이번에도 한별의 목소리에 묻히고 말았다.

"흥! 가 버리든지 말든지!"

서로를 향해 핏대를 세우느라 두 사람은 크리스의 얼굴이 짜증으로 일그러지는 것도, 한숨을 푹 내쉬는 것도, 돌아서는 것도 보지 못했다.

"에휴, 나도 모르겠다. 난 분명히 말해 주려고 했다."

크리스가 탑을 나간 뒤에도 지아와 한별은 서로를 노려보았다.

"지아 너, 쟤를 언제 봤다고 편을 들어?"

"누가 누구 편을 든다는 거야? 누가 봐도 조금 전에는 네가 잘못한 거야. 사과해."

"흥! 사과? 절대 못 해. 게다가 내가 실수 좀 했다 치더라도 넌 내편을 들어줘야지."

"왜 그래야 하는데?"

"왜냐니? 넌 내 친구니까. 그래, 말 나온 김에 지금 확실히 하자고. 너, 내 친구야? 아님 저기 저 허약한 비실이 친구… 어라?"

순간 한별의 입에서 헉, 소리가 새어 나왔다. 분명 조금 전까지 서 있던 크리스가 감쪽같이 사라졌기 때문이었다.

"어라? 이 녀석, 어디 갔어?"

한별은 황당한 눈으로 사방을 휘휘 둘러보았다. 하지만 크리스의 모습은 어디에서도 찾을 수가 없었다. 대신 그가 서 있던 곳 바로 뒤에 문 하나가 보였다.

"잘한다. 만난 지 얼마나 됐다고 결국 겁을 줘서 쫓아내니?"

"쪼, 쫓아내다니? 누가? 언제?"

한별은 변명처럼 소리치며 문 쪽으로 향하는 지아를 쫓아 달렸다.

"나만 몰랐냐고. 자기도 못 봤으면서 나한테만 잔소리야."

지아의 뒤를 따라 문을 나서는 한별이 입술을 삐죽였다. 하지만 거기서도 크리스는 찾을 수 없었다. 보이는 것이라고는 우물같이 둥근 탑을 따라 아래로 이어지는 구불구불한 계단뿐이었다.

묵직한 돌로 만들어진 계단은 아래로 한참이나 이어져 있었다. 한별은 난간을 꽉 잡은 채 고개를 쑥 빼 아래쪽을 바라보았다. 꽤나 긴 계단이었는데도 크리스는 보이지 않았다.

"생긴 건 비실비실하더니 걸음은 빠르네. 벌써 이 많은 계단을 다 내려간 거야?"

"그 녀석이 아니고 크리스야. 그리고 크리스가 빠른 게 아니라 네 말이 길었던 거고."

지아는 툴툴대는 한별을 제치고 먼저 계단을 내려가기 시작했다.

"또 나만 가지고… 야! 같이 가!"

둥근 벽에는 작은 창이 군데군데 나 있었다. 그곳에서 내다본 바깥 풍경도 위에서 보았던 것과 크게 다르지 않았다. 창이 난 방향에 따라 짙푸른 바다, 초록의 숲, 시리도록 푸른 하늘, 그리고 북부 유럽 특유의 아름다움이 여과 없이 한별과 지아의 눈에 들어왔다. 지아는 어렸을 적부터 늘상 유럽 여행을 해왔기 때문에 이미 보았던 것이라 덤덤했지만, 한별은 감탄사를 터뜨렸다.

"우와! 완전 그림엽서네."

하지만 언제까지 바깥 풍경에 정신을 팔고 서 있을 수는 없었다. 얇은 여름옷만 입은 둘에게 이곳의 바람은 너무나도 매서웠다. 둘은 한

신비로운 매력을 지닌 소년, 크리스

차례 어깨를 떨고는 정신없이 계단을 뛰어 내려갔다.

드디어 계단이 끝나고 문이 나타났다. 두꺼운 나무에 강철로 뼈대를 보강한 문이었다.

쿵!

한별은 달려오던 속도 그대로 다짜고짜 문을 걷어찼다. 하지만 문은 꼼짝도 하지 않았다. 한별은 뒤로 몇 걸음 물러섰다가 다시 한 번 힘껏 걷어찼다.

"추워 죽겠는데 왜 안 열리는 거야? 열려라!"

쿠웅!

큰 소리가 나며 문이 한 차례 진동했다. 하지만 그뿐, 문은 요지부동이었다. 한별의 얼굴이 일그러졌다.

"크리스, 이 쪼잔하고 치사한 녀석! 사내 녀석이 삐쳐서 문을 잠가? 빨리 못 열어?"

한별은 문을 연달아 걷어차며 소리를 질렀다. 옆에 서 있던 지아의 귀가 따가울 정도였다. 하지만 문은 마치 봉인이라도 된 듯 꼼짝도 하지 않았다.

사실, 여태까지 지아의 얼굴은 무표정에 가까웠다. 하지만 시간이 흘러 바람이 점점 더 매서워지고, 손발의 감각이 없어지기 시작하자 지아의 표정도 심각하게 변했다.

한별은 문고리를 붙들고 마구 흔들어 댔다.

"거기 있는 거 다 알아! 이거 좀 열어! 아까 내가 한 말 몽땅 취소할게!"

지아도 목소리를 높였다.

"크리스! 안에 있으면 문 좀 열어! 너무 춥단 말이야!"

하지만 문 건너편은 여전히 쥐 죽은 듯 조용했다. 지아는 결국 한별에게 빽 소리치고 말았다.

"이 바보! 이게 다 네가 겁줘서 그런 거잖아!"

"누가 이렇게 치사하게 나올 줄 알았냐고."

한별은 한풀 꺾인 듯 시무룩하게 어깨를 늘어뜨렸다. 그리고는 문고리에 매달려 다시 한 번 소리쳤다. 아니, 애원했다.

"이봐요! 아무도 없어요? 사람 살려요!"

"자, 받아라."

커다란 담요로 머리부터 발끝까지 완전히 돌돌 싼 지아와 한별은 40대 중반의 여인이 내미는 커다란 잔을 조심스레 받아 쥐었다. 잔에 담긴 따끈한 우유의 온기가 손끝에서부터 서서히 전해져 왔다.

둘이 앉아 있는 곳은 성의 주방, 그 중에서도 시뻘건 불길이 활활 타오르는 커다란 화덕 앞이었다. 처절한 한별의 목소리를 기적적으로 들은 여인이 꽁꽁 얼어 오들오들 떨고 있는 둘을 이곳으로 데려온 것이다.

그녀는 성 안팎의 살림을 책임지는 시녀장(侍女長) 파올라였다. 그녀는 커다란 화덕 앞에 쪼그리고 앉은 둘을 한참이나 바라보다가 불쑥 물었다.

"너희들, 도대체 누구니? 어디서 튀어나온 거야?"

지아는 우유를 한 모금 머금은 채 그녀의 표현이 정확히 들어맞는다고 생각했다. 실제로 둘은 거울에서 튀어나왔으니까.

하지만 대답한 사람은 한별이었다.

"보셨잖아요? 저 위 탑에서 왔어요."

"거울이 있는 탑? 하지만 거긴 황제폐하께서 돌아가신 후로 단단히 걸어 잠가 아무도 올라가지 못할 텐데? 너희들, 거짓말을 하고 있구나."

"정말이에요. 뺀질이 크리스도 거기서 만났다고요."

"응? 누구?"

"까만 머리가 어깨까지 내려오고, 드라큘라같이 창백한 피부에 얼굴만 번지르르한 녀석인데요. 속은 완전히 밴댕이 소갈딱지에요. 문도 잠그고 튀었더라고요."

한별의 설명이 이어지는 동안 파올라의 얼굴이 벌겋게 변했다가 파랗게 질리고 또다시 시뻘게졌다.

"너, 설마 지금 우리 황자님을 말하고 있는 건 아니겠지?"

한별은 당당히 고개를 끄덕였다.

"자기 입으로 황자라고 했으니 그런가 보죠, 뭐. 그런데 황자면 뭐해요? 친구들을 그런 곳에 내팽개치고 혼자만 튀는 녀석인데. 게다가 문까지 잠그고 갔다고요. 만나기만 하면 그냥 확…!"

"내 친구지 네 친구는 아니라며?"

한별이 열을 내며 떠들자 곁에서 조용히 몸을 녹이고 있던 지아가 끼어들었다.

"윽! 뭘 그런 것까지 일일이 따지냐?"

그때였다. 파올라가 눈을 가늘게 뜨고 둘의 말을 끊었다. 그리고는 손가락을 까딱거렸다.

"너희들, 아무래도 수상해. 크리스님에게 직접 확인을 받아야겠어.

따라 와."

그녀의 말에 지아는 이렇게 될 줄 예상했다는 듯 고개를 끄덕였다. 하지만 한별은 불만스럽다는 듯 툴툴거렸다.

"아줌마, 왜 그렇게 사람 말을 못 믿어요? 속고만 살았어. 아윽!"

딱!

한별의 말이 끝나기도 전에 파올라가 그의 뒤통수를 세게 때렸다.

"이 녀석, 감히 결혼도 하지 않은 꽃다운 처녀에게 아줌마라니?"

한별은 믿어지지 않는다는 듯 눈을 크게 떴다.

"으엑! 거짓말! 눈가에 주름이 자글자글한데요?"

따아악!

"크억!"

한별은 더욱 강도 높아진 일격에 비명을 질렀다.

"따라 와."

파올라가 단호한 목소리로 말했다.

파올라가 둘을 데리고 간 곳은 주방과 연결된 식당이었다.

솜씨 좋은 건축가가 깎아낸 듯한 둥근 천정에 천사들이 그려져 있는 식당은 무척 아름다운 공간이었다. 벽에는 갓 피어난 꽃봉오리 같은 등불들이 줄지어 걸려 있었고, 한쪽 벽을 온통 차지한 커다란 스테인드글라스를 통해 해 질 녘의 오후 햇살이 너울져 스며들었.

식당의 한가운데의 긴 테이블의 양끝에는 두 사람이 마주 보고 앉아 있었다. 밝은 레몬색 머리칼에 투명한 에메랄드 같은 녹색의 눈동자를

가진 아름다운 중년의 귀부인과 조금 전 헤어졌던 크리스였다.

머리부터 발끝까지 완벽하게 차려입은 귀부인은 손짓 하나, 몸짓 하나도 더할 나위 없이 우아했다. 하지만 꼭 다문 입매와 홀쭉한 뺨 때문에 무척 차갑고 오만해 보였다.

인기척을 먼저 알아챈 사람은 크리스였다. 고개를 돌려 파올라의 등 뒤에 서 있는 한별과 지아를 발견한 크리스의 얼굴이 잠시 당황한 듯 굳어졌다. 하지만 다음 순간, 입가에 장난스러운 미소가 떠올랐다.

"식사가 끝나는 대로 데리러 가려고 했더니 벌써 왔네? 이제 싸움은 다 끝났니?"

"너! 잘 만났다…요. 치사하게 문을 잠그고 가…세요?"

한별은 당장이라도 주먹을 날릴 듯 씩씩거렸다. 하지만 바로 곁에서 무시무시한 눈빛으로 내려다보고 있는 파올라 때문에 감히 행동으로 옮기지는 못했다. 대신 말 한 마디가 끝날 때마다 이를 뿌득뿌득 갈았다.

처음 보는 이방인의 등장에 귀부인도 잠깐 관심을 보였다. 하지만 그것은 결코 호감이 아니었다. 그녀는 미간을 찌푸렸다.

"아는 아이들이니?"

"아차! 깜빡 잊고 있었네요. 어머니, 이쪽은 지아와 한별이라고 해요. 새로 사귄 친구들이에요. 너희들도 인사해. 우리 어머니인 마리아 왕후셔."

갑작스런 소개에 한별과 지아는 엉겁결에 왕후에게 고개를 숙였다. 왕후는 그런 두 사람을 힐끔 쳐다보고는 다시 시선을 거두었다.

"입은 옷을 보니 귀족이 아니구나. 더구나 이교도에 이국인들. 넌 아돌프의 뒤를 이어 위대한 황제가 될 몸이다. 저런 근본도 모르는 천한 아이들과 함부로 어울리지 마라."

차가운 말투였다. 크리스는 곤란한 표정이 되었다.

"그렇지만 저들은 저의 초대를 받아 무척 어렵게 이곳에 온 걸요."

"네가 정 그렇게 말한다면 어쩔 수 없지. 하긴 요즘 일손이 부족한 듯하니 시종과 하녀로 머무는 정도는 괜찮겠지."

마지못해 고개를 끄덕인 왕후는 손에 쥐고 있던 냅킨으로 입가를 닦으며 자리에서 일어났다. 그리고는 우아하고 도도한 발걸음으로 식당을 빠져나갔다.

한별과 지아는 그녀가 식당을 완전히 빠져나갈 때까지 한 마디도 할 수 없었다. 왕후의 말에 순간 할 말을 잃은 것이다.

왕후가 나가자 한별이 외쳤다.

"너! 우릴 버리고 간 것도 모자라서, 뭐? 시종? 하녀? 너, 지금 내 손에 죽어 볼래?"

"우리 어머니가 다 좋은데 신분 차이에는 좀 까다로우시거든. 게다가 겨울이 다가와서 기분도 최악이고. 미안해."

크리스는 조금 전보다 더욱 곤란한 얼굴로 말을 이었다.

"흠흠, 그리고 더 미안한 말이지만 어머니가 계실 때만 연극을 좀 해 주면 안 될까?"

"뭐, 뭐야? 그럼 우리더러 진짜 네 하인이 되란 말이야?"

발작하듯 한별이 소리치자 크리스가 다급히 손을 내저었다.

"진짜 그러라는 게 아니라 그런 척만 해 달라고. 그 대신 편하게 지낼 수 있도록 가장 좋은 방을 내줄게."

한별은 어림도 없다는 듯 콧방귀를 뀌었다. 하지만 아까부터 침묵을 지키고 있던 지아는 고개를 끄덕였다. 난데없이 크리스의 삶에 끼어든 쪽은 자신들이었다. 게다가 당나라에서는 궁녀인 척도 한 적이 있었으니 안 될 이유가 없었다.
"좋아. 그렇게 하자."
크리스가 환하게 웃으며 지아의 손을 잡았다. 그리고는 가볍게 당겼다.
"고마워! 그럼 방으로 안내해 줄게."
"지아 너 이렇게 비협조적으로 나올래? 나, 나도 같이 가!"
한별이 급히 뒤따랐다.

군데군데 등불이 밝혀져 있을 뿐이었지만 복도는 의외로 밝았다. 벽을 따라 난 높직한 창문을 통해 새하얀 달빛이 쏟아져 들어왔기 때문이었다.
복도를 걷던 중 지아는 문득 고개를 돌려 나란히 걷고 있는 크리스의 옆모습을 곁눈질했다. 깊은 눈매와 오똑한 콧날, 소녀처럼 붉은 입술이 달빛에 반사되어 빛났다. 슬쩍 달아오른 뺨에 닿는 공기가 유난히 차갑게 느껴졌다. 지아는 붉어진 얼굴을 들킬까봐 황급히 반대편으로 고개를 돌렸다.
뒤에서 따라오던 한별도 그가 아름답다는 것을 내심 느끼고 있었다. 그러면서도 지아의 붉어진 얼굴을 보자 괜히 속이 부글부글 끓어올랐다.
마침내 크리스가 2층의 한 방문 앞에 멈추었다.
"여기야."

방은 지아의 원래 방보다 훨씬 작았다. 벽 한쪽에 레이스로 장식된 침대와 책을 읽거나 차를 마실 수 있도록 작은 탁자가 나란히 놓여 있었고, 탁자와 잘 어울리는 낮은 서랍장이 다른 쪽 벽을 차지하고 있었다. 서랍장 위에는 꽃을 정교하게 새겨 넣은 둥글고 예쁜 거울도 하나 걸려 있었다. 너무 화려하지 않으면서도 차분하고 소녀다운 방이었다.

무엇보다 마음에 드는 것은 침대와 마주한 창문이었다. 한쪽 벽을 온통 차지할 정도로 커다란 창문을 통해 북해의 바다가 그대로 내다보였다.

찬찬히 방을 둘러본 뒤 지아는 고개를 끄덕였다.

"고마워. 마음에 들어."

"다행이다. 사실 손님방 중에 내가 제일 좋아하는 방이거든. 내 방하고도 가깝고."

크리스가 크게 웃자 지아의 얼굴이 다시 달아올랐다.

문 밖에 서 있던 한별은 순간 발끈했다. 그는 성큼성큼 방 안으로 걸어 들어와 지아와 크리스 사이에 끼어들었다.

"이 녀석, 지금은 이렇게 말해도 내일이면 무슨 말을 할지 몰라. 게다가 어머니 말이라면 꼼짝도 못하는 마마보이라고. 여기 있다간 너 틀림없이 하녀 취급 당할 거야."

한별은 지아의 손을 움켜잡았다.

"이러지 말고, 당장 거울을 가지고 이 기분 나쁜 성에서 나가자. 그리고 집으로 돌아갈 방법을 찾자. 당나라에서도 무사히 돌아갔으니까 이곳에서도 틀림없이 돌아갈 방법이 있을 거야."

한별의 말에 지아의 얼굴이 굳어졌다. 그녀는 한별에게 잡힌 팔을 뿌리치며 말했다.

"싫어."

지아의 단호한 거절에 한별이 굳은 얼굴로 말했다.

"저 녀석 때문이야?"

"아니. 더 현실적인 문제야. 여긴 추운 곳이고, 점점 더 추워질 거야. 그런데 우린 제대로 된 옷도 없어. 설마 나란히 길에서 얼어 죽자는 건 아니겠지?"

한별은 대꾸하지 못했다. 지아의 말이 맞았다. 하지만 한별은 오기를 부렸다.

"옷쯤은 얼마든지 구할 수 있어."

"또 하나, 지금 유럽은 전쟁 중이야. 저렇게 큰 거울을 들고 나갔다가는 대포에 맞아 산산조각 나고 말걸?"

"그, 그거야…."

"무엇보다 내가 이곳에 머물고 싶어. 반겨주는 사람 하나 없는 집으로 다시는 돌아가고 싶지 않다고."

그 말에 한별은 고개를 번쩍 들었다.

"그게 무슨 소리야? 모두가 널 얼마나 아끼고 사랑하는데?"

"할아버지도 그럴까?"

"그, 그거야… 회장님은…."

빈정거리는 듯한 지아의 질문에 한별은 입술을 깨물었다. 하지만 다시 고개를 든 그는 고집을 부리듯 말했다.

"흥! 싫으면 말아. 나 혼자서라도 나갈 거야."

말을 마친 한별은 휙 돌아서서 방을 떠났다.

"괜찮을까?"

지아와 단둘이 남게 되자 크리스가 걱정스러운 얼굴로 말했다.

"내버려 둬. 제멋대로 따라왔으니 알아서 하겠지."

"내 말은 그게 아니라…."

뭐라고 말하려던 크리스가 어깨를 으쓱였다.

"아아, 모르겠다. 한별도 알게 되겠지."

성문은 잠겨 있었다. 한별은 화를 내며 요란하게 성문을 두드렸다. 그러기를 한참, 드디어 성문이 열렸다. 하지만 한별은 성 밖으로 한 걸음도 나갈 수가 없었다. 총을 든 병사들이 그를 다시 성 안쪽으로 밀어 넣었기 때문이었다.

"내 발로 걸어 나간다는데 왜 막아요?"

한별이 소리쳤다. 화는 이미 머리끝까지 치솟은 상태였다. 게다가 밤이 깊어질수록 추위는 더욱 심해져 저절로 이가 딱딱 부딪힐 정도였다.

하지만 병사들은 꼼짝도 하지 않았다.

"너뿐만 아니라 아무도 못 나가."

"그러니까 왜요?"

"황자 전호와 왕후님의 안전을 위해서 아무도 들이지 말고, 아무도 내보내지 말라는 수상님의 명령이야. 그러니 넌 아무 데도 못 가."

한별은 황당하다는 듯 입을 쩍 벌렸다.

"엑? 안전을 위해 황자와 왕후를 가둬 둔다고요? 그런 말도 안 되는 억지가 어디 있어요?"

한별이 따져 묻자 병사들의 얼굴이 짜증으로 일그러졌다. 병사들 역시 춥기는 마찬가지였다.

"이 꼬맹이가! 그렇다면 그런 줄 알지 무슨 잔소리가 이리 많아?"

그들은 한별의 가슴을 세게 밀었다. 그 바람에 한별은 성 안으로 떠밀리며 엉덩방아를 찧었다.

"다시는 귀찮게 하지 마!"

병사들은 그런 한별을 한 차례 노려본 뒤 쿵, 소리가 나도록 요란하게 문을 닫았다. 곧이어 묵직한 빗장이 걸리는 소리가 들렸다.

"으으! 진짜 미치겠네."

어두운 복도에 홀로 남겨진 한별은 폭발할 것 같은 심정이 되어 소리쳤다. 추위도 추위였지만 아까부터 꼬르륵 거리는 요란한 뱃속도 문제였다.

한별은 한참 고민을 하다가 힐끔 한쪽으로 고개를 돌렸다.

"설마 이 시간이면 아무도 없겠지?"

한별이 고양이 걸음으로 향한 곳은 주방이었다. 불은 꺼졌지만 조금 전까지 기세 좋게 타올랐던 화덕 덕분에 주방 안은 여전히 따뜻했다. 더구나 식탁 위에는 갓 구운 빵이 바구니 가득 담겨 있었다.

한별은 덥석 빵을 한입 베어 물며 중얼거렸다.

"으음… 크리스 녀석에게 다시 가서 방을 내달라고 하기에는 자존심 상하고, 그렇다고 나가지도 못하고. 미치겠네."

"내가 좀 도와줄까?"

한참 머리카락을 쥐어뜯고 있자 등 뒤에서 누군가의 목소리가 들렸다. 돌아보니 파올라였다.

"저, 정말이요?"

"그러게 손님으로 받아 준다고 할 때 잽싸게 허락하지 왜 버텨서 이 고생을 해?"

파올라는 일이 이렇게 될 줄 알고 있었다는 듯 피식피식 웃으며 말했다.

"에휴, 나도 후회하고 있다고요."

"따라 와. 방 하나쯤은 내주마."

파올라의 말에 한별은 정말로 안도했다. 마음이 편해지자 미소가 절로 나왔다. 게다가 배도 불렀다. 무엇보다 그 얄미운 크리스에게 아쉬운 말을 하지 않아도 된다는 것이 기뻤다.

하지만 미소는 그리 오래가지 못했다. 한별은 도저히 믿을 수 없다는 눈으로 파올라가 열어준 방을 가리켰다.

"그러니까 날더러 여기서 자라고요?"

파올라가 고개를 끄덕이며 한별의 등을 떠밀었다. 한별은 내키지 않는 얼굴로 마지못해 방 안으로 들어갔다.

방구석에 놓인 낡은 나무침대와 한쪽 문이 떨어져 나간 작은 옷장, 거짓말 하나 안 보태고 손바닥만 한 창이 난 허름한 방이었다. 딱 두 발자국이면 이쪽 끝에서 저쪽 끝에 도착할 정도로 좁았다. 게다가 얼핏 창틀을 후다닥 지나간 그림자는 분명 쥐였다.

한별은 화난 얼굴로 방에서 나왔다.

"이거 혹시 감옥으로 쓰던 방 아니에요? 도저히 못 자요. 쥐도 다닌다고요. 나도 지아랑 비슷하거나, 최소한 제대로 된 방을 주세요."

"흠, 그건 곤란하지. 지아는 크리스님의 손님이지만 넌 내가 주워 온 처지잖니? 그리고 이 방이 뭐가 어때서? 이래 봬도 이 성에서 제일 따뜻한 방이야. 주방 바로 옆이라 내가 부르면 잽싸게 올 수도 있고."

여기까지 말하던 파올라가 문득 생각난 듯 말했다.

"아차, 잊을 뻔했네. 이 방을 쓰는 대신 넌 내일부터 내 조수란다."

"에엑! 그런 게 어디 있어요?"

"싫으면 찬바람 맞으면서 복도에서 자던가. 아직 겨울은 시작도 안 했는데 딱 얼어 죽기 좋겠지. 참고로 이곳 겨울은 영하 40도까지 내려가. 잘못하면 폐까지 얼어붙지."

파올라가 씩 웃으며 말했다. 한쪽 입술이 비틀려 올라간 악당의 미소였다. 처음 만났을 때 보여줬던 사람 좋은 푸근한 미소는 간 곳 없었다. 한별의 고개가 마지못해 위아래로 움직였다.

"그럼 내일 아침에 보자. 해뜨기 전에는 일어나야 한다."

파올라가 떠나자 한별은 다시 방으로 들어서서 힘없이 방문을 닫았다. 삐걱거리는 소리와 함께 문이 닫히자 어둠이 밀려들었다. 달이 환한 밤이었지만 손바닥보다 작은 쪽창으로는 달빛은 고사하고 햇빛조차 제대로 들지 않을 것 같았다.

"어휴, 내 팔자야."

바닥이 꺼져라 한숨을 내쉰 한별이 털썩, 나무침대 위에 드러누웠다. 침대는 끼익거리며 금방이라도 부서질 듯 요란한 비명을 질렀다.

"파올라 아줌마, 그렇게 안 봤는데 완전 악당이잖아? 여기 사람들은 죄다 이중인격에 성격파탄 아냐?"

어둠 속에서 중얼거리던 한별이 문득 벌떡 일어나 앉았다.

"크리스 그 녀석도 겉만 번드르르 할 뿐이지 속이 시커멓고 음흉한 악당일 거야. 순진한 얼굴로 아무것도 모르는 지아를 속이고 있는 거라고! 내가 성을 떠나면 지아를 정말 하녀처럼 부려 먹을 거야. 게다가 더 나쁜 짓을 할지도 몰라."

어둠 속에서 한별이 두 주먹을 불끈 쥐고 외쳤다.

"절대 안 돼! 지아는 내가 지켜야 해!"

다음 날, 식당으로 내려온 크리스와 지아는 풋, 웃고 말았다. 음식을 준비하는 파올라의 곁에 서 있는 한별을 발견했기 때문이었다. 불만스러운 듯 입술을 삐죽 내밀고 툴툴대는 얼굴과는 어울리지 않게 새하얀 앞치마에 머릿수건까지 두르고 있었다.

"웃지 마라."

벌게진 얼굴로 한별이 잔뜩 목소리를 깔았다. 딴에는 위협적인 목소리를 낸 것이었지만 결과는 정반대였다. 지아와 크리스는 기어코 웃음을 터뜨렸다.

"크큭! 너 말이야, 폼이란 폼은 다 잡고 뛰쳐나가더니…. 푸훗!"

"푸하하! 미, 미안. 너무 잘 어울려서 나도 모르게…."

식탁에 엎어져 정신없이 웃는 둘을 보며 한별의 얼굴은 울 것 같이 변했다. 게다가 파올라마저 키득거리는 바람에 더욱 비참한 기분이었다. 세 사람의 웃음이 영원히 그치지 않을 것 같았다.
 그런 그를 구해준 것은 왕후였다. 싸늘한 눈빛을 사방으로 뿌리며 들어서는 왕후 덕분에 식당 안은 간신히 조용해졌다.
 왕후는 어수선한 식당 안을 스윽 돌아본 후 크리스에게 말했다.
 "어제도 말했지만 넌 저런 아이들과는 다른, 고결한 피가 흐른다는 것을 잊지 마라."
 "네, 어머니."
 크리스는 대답을 하면서도 미안한 듯 지아 쪽을 힐끗 돌아보았다. 지아는 괜찮다는 듯 고개를 끄덕여 보이고는 한별과 파올라의 곁으로 갔다.
 "넌 돌아가신 아버지, 위대한 구스타프 전하의 뒤를 이어야 해. 그러니 잠시도 게으름을 피울 틈이 없어. 알고 있지?"
 왕후는 식사하는 동안에도 같은 내용의 말을 하고 또 했다. 듣고 있던 한별이 지겨울 정도였다.
 "네, 어머니."
 이어 왕후의 입에서 흘러나오는 크리스의 하루 일과는 철학 공부에 신학, 언어, 역사 등 입이 딱 벌어질 만큼 빡빡했다. 거기에 중간마다 양념처럼 끼워 넣은 펜싱에 체스, 춤 연습까지 합하면 하루 24시간이 부족할 지경이었다. 한별은 물론이고 수많은 과외에 익숙한 지아조차 혀를 내둘렀다.
 하지만 크리스는 그저 예의 바르게 고개를 끄덕일 뿐이었다.
 남자인지 여자인지 모를 예쁘장한 외모와 우아한 몸짓, 그리고 듣기만 해도 시원한 느낌이 드는 낭랑한 목소리까지 어느 한구석 흠잡을 곳이 없었다. 식당 한쪽에 서 있던 한별이 끝내 툴툴거렸다.
"쳇, 저것도 다 가식일 거라고."
현실을 부정하며 고집스럽게 말을 내뱉었지만, 억지스러운 자신에게 짜증이 나 한별은 주방으로 돌아왔다.
어느새 뒤따라온 지아가 말했다.
"그만 좀 해. 질투는 꼴사나워."
"쳇… 네가 아직 진실을 몰라서 그래. 내가 저 녀석의 가면을 확 벗겨 줄 테니까 기다리라고."
새벽부터 아무것도 먹지 못한 한별이지만 웬일인지 입맛이 없었다. 식탁 위에 아무렇게나 굴러다니는 빵 하나를 집어 깨작깨작 뜯어먹다가 그마저도 내려놓고 말았다.
그런 그의 앞에 파올라가 커다란 냄비를 내려놓았다. 정체불명의 건더기가 떠 있는 스프가 한가득 들어 있는 냄비였다.
"그렇게 먹고 힘이나 쓰겠니? 이따가 성 대청소를 해야 하니까 이거 다 먹어."
한별이 참지 못하고 버럭 소리쳤다.
"우씨! 내가 무슨 돼지예요?"

"너에게 결투를 신청한다!"
식당에서 마지막으로 떠나려던 크리스는 난데없이 들려온 고함 소리에 뒤를 돌아보았다.
모두가 2층으로 올라가 텅 빈 테이블 옆에서 한별이 자신을 노려보고 있었다. 크리스가 눈을 동그랗게 뜨고 되물었다.

"나한테 한 말이야?"

"당연하지. 여기 너와 나밖에 없잖아."

"그런데 웬 결투? 너 뭐 잘못 먹었니?"

크리스의 말에 한별이 화난 얼굴로 다시 한 번 소리쳤다.

"결투 몰라? 결투? 지아를 두고 결투를 하잔 말이다."

한별의 고함이 텅 빈 식당에 쩌렁쩌렁 울렸다. 하지만 크리스의 귓가에는 오직 '결투' 라는 한 단어만이 들렸을 뿐이다. 크리스가 황당하다는 표정으로 다시 물었다.

"난데없이 결투라니? 말도 안 돼!"

"안 되긴 뭐가 안 돼? 지아는 내 소중한 친구란 말이야. 나한테 지면 깨끗이 지아를 포기하시지."

"그러니까 뭘 포기하라는 건데…, 헉!"

"흥! 사나이는 말로 싸우지 않는 법! 각오해라!"

크리스는 말을 하다 말고 숨을 삼켰다. 주먹을 불끈 쥔 한별의 몸이 벌써 허공으로 붕 떠올라 날아들고 있었다. 놀란 크리스는 피할 생각도 못하고 그저 눈만 질끈 감았다.

텅!

"크어억!"

다음 순간 식당 안에 경쾌한 타격음과 한별의 신음 소리가 울려 퍼졌다. 크리스는 질끈 감았던 눈을 슬그머니 떴다. 그러자 바닥에 개구리처럼 쭉 뻗은 한별과 커다란 냄비를 든 파올라가 보였다. 한쪽이 심하

신비로운 매력을 지닌 소년, 크리스 49

게 찌그러진 냄비였다.

파올라는 푸들푸들 떨리는 한별의 등 위에 발 하나를 턱 올려놓으며 말했다.

"황자님, 여기는 신경 쓰지 말고 올라가세요."

"응? 으응."

간신히 정신을 차린 한별의 눈에 머뭇거리며 뒷걸음질 치는 크리스가 보였다. 한별은 부르르 떨리는 손가락으로 크리스를 가리키며 외쳤다.

"부하를 시켜 암습을 하다니 신성한 결투에 비겁하게 무슨 짓… 끄억!"

"시끄러. 넌 설거지나 하라니까 무슨 짓을 벌이고 다니는 거야?"

"윽! 이건 사나이 대 사나이의 결투로 아줌마가 신경 쓸 일이 아니라고요."

"뭐? 아줌마?"

"끄악!"

파올라가 다리에 힘을 줄 때마다 한별은 처절한 비명을 질렀다.

"하하하! 너 정말 재밌다."

그런 한별을 보며 크리스는 커다란 웃음을 터뜨렸다. 나중에는 아예 배를 움켜쥐고 허리를 꺾어야 할 정도였다.

파올라에게 깔린 한별도 그의 웃음소리를 들었다. 얄미운 생각에 뭐라고 한마디 퍼부어 주려고 고개를 든 그는 다음 순간 잠시 말을 잃고 말았다. 스테인드글라스를 통해 쏟아지는 햇살 아래 선 크리스의 모습이 눈부시게 아름다워 순간 심장이 쿵, 하고 내려앉으며 얼굴이 빨개지고 말았다.

한별은 그런 자신의 반응에 화들짝 놀라 괜히 버럭 소리쳤다.
"이번엔 이렇게 끝났지만 다음에는 제대로 붙자!"

"덤벼!"
한별은 지아를 지켜야 한다는 결심과, 얄미운 크리스에게 잠시나마 두근거린 자신을 부정하려는 듯 더욱 열심히 결투를 신청했다. 하지만 도전은 번번이 실패로 끝났다. 방해꾼들이 너무 많았기 때문이었다.
가장 큰 방해꾼은 언제나 양손에 커다란 냄비와 국자를 무기 삼아 들고 다니는 파올라였다. 그녀는 한별이 크리스를 힐끗 쳐다보기만 해도 국자를 휘둘러 댔다.
낮 동안 크리스의 옆을 지키며 눈을 마주치는 것만으로도 상대방을 제압해 버리는 왕후 또한 만만치 않은 방해꾼이었다. 그 때문에 낮에는 크리스에게 접근할 엄두도 내지 못했다.
그런 이유로 한별은 결국 밤을 노리기로 했다. 크리스는 늦도록 서재에서 공부하는 날이 많았기 때문이었다. 한별은 칠흑같이 어두운 복도를 살금살금 걸어 서재로 접근했다. 예상대로 서재에서는 희미한 불빛이 새어 나오고 있었다.
"큭큭큭, 각오해라. 오늘이야말로 결판을 내 주마."
한별의 짐작대로 크리스는 서재에 있었다. 하지만 한별이 미처 모르는 사실이 있었다. 환경이 바뀌어서인지 지아가 잠을 제대로 이루지 못했으며, 그래서 읽을 책을 구하기 위해 서재로 갔다는 것이었다.

지아는 서가 앞에 서서 책들의 제목을 훑어보았다. 서재의 한쪽 벽을 가득 차지한 서가에는 수백 권이나 되는 책이 가지런히 꽂혀 있었다. 하지만 지아는 좀처럼 책을 고르지 못했다. 서가에 꽂힌 책들 중 대부분은 너무 어려운 철학책이었고, 그 나머지도 그다지 손이 가지 않는 주제의 책이었다. 눈을 씻고 봐도 소설은 고사하고 꼭 있어야 할 경제나 정치에 관한 책조차 없었다.

"응. 읽을 만한 게 별로 없지?"

지아가 좀처럼 책을 고르지 못하자 크리스가 미안한 듯 말했다. 지아가 고개를 저었다.

"난 상관없어. 하지만 넌 제왕 교육을 받아야 하는 황자잖아. 그런데 이 책들로 충분한 거야?"

"책은 구하기가 힘들어서. 그래도 언어는 어머니가 도와주셔. 독일 분이라 프랑스 어와 독일 어, 그리고 라틴 어를 잘 하시거든."

난감한 얼굴의 크리스를 보며 지아의 머릿속에 문득 며칠 전 한별에게 들었던 말이 떠올랐다. 무장한 병사들이 성문을 지키고 있으며, 그들이 왕후와 황자를 비롯하여 그 어느 누구도 나가지도 들어오지도 못하게 막고 있다는 내용이었다.

"혹시 널 여기 가둔 사람들이 책을 구하는 것도 막는 거야?"

크리스는 대답하기 껄끄러운 듯 입을 닫았다.

지아는 대답을 강요하지 않았다. 아니, 그럴 필요가 없었다. 한별이 그 순간 서재 문을 박차고 뛰어들었던 것이다.

"크리스! 결판을 내자!"

서재 문을 박차고 들어선 한별의 몸이 순간 얼어붙었다. 지아의 따가운 눈초리가 날아들었기 때문이었다.

"어어… 지아야, 너 여기서 뭐하냐?"

"그러는 너야말로 무슨 결판을 내겠다는 거야?"

"흠흠! 그거야… 사나이들끼리 일이야. 넌 몰라도 돼."

지아는 깊이 한숨을 내쉬었다.

"웬만하면 그만 하지? 보는 내가 다 창피해."

"뭐가? 이게 다 누구 때문인데? 다 널 위해서…. 헉!"

말을 끝내기도 전에 한별은 숨을 들이켰다. 요란한 소리를 듣고 달려온 파올라와 눈이 마주쳤기 때문이었다.

"오호! 한별이 네가 기운이 남아도는구나? 좋아, 아주 좋아. 그렇지 않아도 주방 화덕 청소를 할 때가 되긴 했지."

한별의 머릿속에 시커먼 그을음으로 뒤덮인 화덕이 떠올랐다.

"윽! 그건 너무… 너무 더럽잖아요."

"호호호! 더러우니까 청소를 해야지."

파올라는 한별의 항변을 가볍게 무시하고는 그의 한쪽 귀를 꽉 틀어잡았다. 서재 밖으로 끌려가는 한별의 입에서 비명소리가 새어 나왔다.

"어쩐지 불쌍한데."

크리스가 말했다. 하지만 말과는 다르게 그의 입에서는 웃음이 삐져나오고 있었다.

"불쌍할 거 없어. 자기가 자초한 걸."

한별의 비명은 아직까지 들려왔다. 지아도 결국 피식 웃고 말았다.

이런 시련 속에서도 한별의 무모한 도전은 끈질길 정도로 계속되었다. 그 때문에 성은 하루도 조용할 날이 없었다. 그리고 그것은 한별의 비장하고 결의에 찬 의도와는 다르게, 성 안의 모든 사람들이 길고 혹독한 겨울을 보내는 데 큰 활력이 되어 주었다. 크리스는 시도 때도 없이 이어지는 한별과 파올라의 추격전에 실컷 웃을 수 있었고, 차갑기만 하던 왕후도 겉으로는 시끄럽다, 귀찮다는 말을 연발했지만 은근히 한별이 오늘은 또 무슨 엉뚱한 짓을 벌일까 기대하듯 눈을 빛냈다.

물론 가장 신난 사람은 파올라였다. 매일매일 한별을 부려 먹는 재미에 푹 빠졌다고 해도 과언이 아니었다. 거기에 지아도 가끔 동참하기도 했다. 이래저래 피곤한 것은 한별뿐이었다.

결국 겨울이 다 가도록 제대로 된 결투는 단 한 번도 이루어지지 않았다. 그러는 사이, 어느덧 눈이 녹고 초록의 싹이 돋기 시작했다. 봄이 온 것이다.

낯선 손님이 찾아온 것은 어둠의 겨울이 끝나고 빛의 여름이 시작되는 것을 알리는 4월의 마지막 날, 발푸르기스 제일(祭日)의 밤이었다.

뱀의 눈빛을 가진 불청객

발푸르기스 제일은 길고 긴 겨울이 완전히 끝나고 여름이 다가오는 것을 기리는 축제로, 여름의 절정을 알리는 6월의 하지제, 그리고 성 니콜라스를 기리는 12월의 성축일과 더불어 스웨덴의 3대 축제 중 하나였다.

보통은 망혼들과 마녀들을 쫓기 위해 커다란 모닥불을 피우지만, 룰레오 성 사람들은 성 밖으로 나갈 수 없었기에 파올라는 한별과 함께 방마다 벽난로를 활활 피웠다.

성문이 열린 것은 온 성이 벽난로의 열기로 훈훈해질 즈음이었다. 영원히 열리지 않을 것 같던 성문이 열리고 낯선 사람들이 들어오자 한별과 지아는 깜짝 놀랐다.

하지만 왕후와 크리스, 그리고 파올라는 놀라는 데 그치지 않았다. 몇 년 만에 제대로 된 축제의 기분을 만끽하며 즐거워하던 세 사람의 얼굴은 일시에 찬물을 뒤집어 쓴 듯 굳어졌다. 셋의 눈동자가 순식간에 적의로 가득 찼다.

방문객은 세 명이었다. 가장 앞장서서 들어선 것은 왕후 또래로 보이는 아름다운 귀부인이었고, 그 뒤를 크리스와 비슷한 외모의 소년과 수염을 기른 중년의 남자가 따르고 있었다.

그들은 마리아 왕후의 남편이자 크리스의 아버지인 죽은 구스타프 황제의 여동생 카트리나 대공녀와 그녀의 아들 카를 구스타프, 그리고 황제가 없는 지금의 스웨덴을 통치하는 섭정원의 수장이자 수상인 악셀 옥센셰르나였다. 왕후와 황자가 룰레오 성에 갇힌 지금, 그들 세 사람이야말로 스웨덴 최고의 권력자들이라고 할 수 있었다.

방문객들의 갑작스러운 등장은 룰레오 성의 모든 사람들을 얼어붙게 했고, 게다가 세 방문객의 눈빛 또한 싸늘하기 그지없어서 성 안의 온도가 순식간에 몇 도는 뚝 떨어진 것만 같았다.

예상치 못한 상황의 한가운데 낀 지아와 한별은 분위기가 심상치 않자 뒤로 몇 걸음 물러섰다.

크리스와 왕후의 표정이 돌변한 순간, 지아는 문득 이들이 바로 크리스와 왕후, 그리고 파올라를 이 춥고 삭막한 감옥 아닌 감옥에 가둔 장본인이라는 사실을 깨달았다.

먼저 입을 연 것은 크리스였다. 그는 낯선 귀부인에게 말했다.

"오랜만이네요, 카트리나 고모님."

"올해는 조금 늦었군."

그의 말에 비로소 왕후도 입을 열었다. 평소에도 차가운 말투였지만 지금의 목소리는 그야말로 얼음송곳으로 가슴을 후벼 파는 듯 싸늘했다.

하지만 대꾸하는 카트리나 또한 만만치 않았다. 그녀는 왕후를 놀리 듯 입꼬리를 슬쩍 올리며 말했다.

"알다시피 전쟁 중이라 시간 내기가 빠듯해서요. 그나저나 올 겨울은 꽤나 추웠던 모양인데 아픈 사람 하나 없이 잘 넘겼다면서요? 하여튼 생긴 건 약해 빠졌으면서 지긋지긋할 정도로 건강하다니까."

짜증 섞인 카트리나의 말에 왕후는 분노로 몸을 떨었다. 주먹을 틀어쥐는 바람에 모양 있게 손질한 손톱이 손바닥을 파고들었지만 그것조차 의식하지 못할 정도였다.

하지만 정작 당사자인 카트리나는 왕후의 눈빛 같은 것은 전혀 안중에도 없다는 듯 힐끗 한쪽에 비켜 선 지아와 한별을 돌아보았다.

"그런데 너희들은 누구니? 분명 아무도 들여보내지 않았던 것 같은데?"

카트리나의 눈이 먹이를 앞에 둔 뱀처럼 번뜩였다. 한별은 그 섬뜩한 눈빛에 오한이라도 든 듯 몸을 떨었다. 등 뒤에 기세 좋게 타오르는 벽난로가 있는데도 말이다.

대답은 지아가 했다.

"우리가 누구인지는 중요하지 않죠. 중요한 것은 우리가 이미 이곳에 있다는 거겠죠."

지아가 뜻밖에 차분하게 대꾸하자 카트리나는 의외라는 듯 눈썹을 치켜세웠다.

지아가 다시 말했다.

"일단 들어온 사람은 나가지 못한다는 게 애초 당신의 명령이었으니까. 아닌가요?"

카트리나는 잠시 입을 다물었다가 피식 웃었다.

"영리한 아이구나. 그래, 맞아. 보아하니 떠돌이 집시가 우연히 이곳으로 흘러든 것 같은데 굳이 그 자세한 사정까지 알 필요는 없지. 데려다 쓸 데도 없고."

그것으로 카트리나의 말은 끝났다. 하지만 이번에는 그녀의 뒤쪽에 서 있던 카를이 말을 꺼냈다.

"오랜만이야, 크리스."

카를의 말에 크리스가 한 발 앞으로 나섰다. 짙은 흑발에 북구 유럽인 특유의 창백한 피부, 비슷한 눈동자 색 때문에 얼핏 두 사촌은 친형제처럼 닮아 보였다. 하지만 오가는 말들은 살벌하기 짝이 없었다.

크리스가 말했다. 평소와는 전혀 다른 차가운 목소리였다.

"전하라는 말을 붙여야지, 카를. 난 황자라는 것 잊었어?"

크리스의 말에 카를의 표정이 일그러졌다. 크리스는 그런 카를에게서 눈을 돌려 이번에는 중년의 수상에게 말했다.

"전쟁은 여전한가요?"

그때까지 아무 말도 않던 수상이 느릿느릿 입을 열었다.

"프랑스와 동맹을 맺기로 했습니다. 여기 계신 카트리나 대공녀님과 카를 왕자님의 공이 크지요."

"프랑스가요? 그렇게 되면 전쟁이 더욱 확대되지 않을까요? 이미 전사자가 많은 걸로 아는데…."

크리스의 말에 카를은 피식 코웃음을 쳤다.

"흥! 황자라는 녀석이 약해 빠진 소리를 하다니! 너 정말 사자왕 구스타프 황제의 아들 맞아?"

수상 또한 실망한 듯 얼굴을 찌푸렸다.

크리스는 그제야 자신의 말이 황자로서의 신분에 걸맞지 않았다는 것을 깨닫고는 입을 다물었다. 그러자 성은 죽음과도 같은 정적에 잠겼다.

문득 카트리나가 입을 열었다.

"그런데 옷이 조금 큰 것 같구나."

그녀의 시선은 손등을 반이나 덮은 크리스의 옷자락에 닿아 있었다.

"일 년 전에 카를이 입던 것을 모아서 보내 주었는데도 그렇게 큰 거니? 쯧쯧… 넌 도통 자라지를 않는구나."

그녀가 카랑카랑한 웃음을 터뜨리자 카를과 악셀 수상도 비슷한 웃음소리를 냈다. 조롱하는 것이 분명했다. 그리고 그들은 그것을 굳이 숨기려 하지도 않았다.

반대로 왕후와 크리스의 얼굴은 수치심과 분노로 보기 좋게 일그러졌다.

"더 이상 할 말 없으면 당장 나가!"

모멸감으로 몸을 부르르 떨던 왕후의 입에서 끝내 고함이 터져 나왔다. 한순간 카트리나의 웃음소리가 거짓말처럼 지워지고 응접실 안에 숨 막힐 듯한 긴장이 감돌았다. 지아와 한별마저 숨을 멈출 정도였다. 그만큼 왕후의 목소리에는 범접하기 힘든 위엄이 있었다.

왕후의 고함에 잠시 어깨를 움츠렸지만 이내 카트리나는 입가를 비틀어 올렸다.

"주인이 내쫓으면 가 드려야죠. 그다지 오고 싶지도 않았으니까."

그녀가 돌아서자 수상도, 카를도 돌아섰다. 왕후가 그런 셋의 등을 향해 다시 한 번 소리쳤다.

"카트리나! 카를! 악셀 수상! 잊지 마. 너희가 왜 매년 이곳까지 내키지 않는 발걸음을 하고, 또 내가 반갑지 않은 너희들을 참아 주는지를."

왕후의 말에 문 쪽으로 걸어가던 세 사람이 그 자리에 멈춰 섰다.

"오직 한 사람, 크리스만이 왕관을 가질 자격이 있어."

카트리나는 고개를 돌려 왕후를 노려보았다.

"잊지 않았어요. 그래서 이렇게 매년 의무를 다하는 거잖아요? 황자에 대한 충성을 증명하기 위해 말이죠. 일 년에 한 번이면 충분한 충성이지만."

말을 마치는 그녀의 입가에는 어느새 비웃음이 돌아와 있었다.

"지금은 마음껏 비웃어. 하지만 크리스가 성년이 되는 내년에는 너희들이 꼭꼭 숨겨 놓았던 왕관을 내놓아야만 할 거야. 그리고 내 아들의 앞에 무릎을 꿇고 복종을 맹세하겠지. 그것이 아돌프의 유일한 유언이었고, 스웨덴은 그의 말을 결코 잊지 않을 테니까!"

왕후가 외쳤다. 쩌렁쩌렁한 그녀의 고함은 절규처럼 모두의 귓가를 때렸다.

"잊지 않도록 하지요. 만약⋯ 크리스가 무사히 성년식을 치를 수 있다면 말이죠."

카트리나의 눈이 차갑게 번들거렸다. 그리고 그 말을 끝으로 세 사람은 성을 떠났다.

불청객들이 떠나자 왕후는 한순간 온몸의 힘이 다 빠진 듯 차가운 돌바닥에 털썩 주저앉았다. 불청객들이 그녀의 모든 에너지를 소진시킨 것만 같았다. 윤기 흐르던 밝은 금발도 얼핏 백발처럼 보일 정도였다.

크리스와 파올라가 급히 그녀를 부축했다.

"어머니!"

"크리스! 넌 반드시 아돌프의 뒤를 이어 왕이 되어야 한다. 그래서 저 교활한 것에게 내가 받은 모욕을 백 배, 천 배로 되돌려 줘야 해."

"알았어요. 반드시 그렇게 할게요. 그러니 어머니는 아무 걱정 마시고 쉬세요."

크리스는 연신 고개를 끄덕이며 나직한 목소리로 울부짖듯 소리치는 왕후를 달랬다. 그리고는 파올라와 함께 그녀를 방으로 부축했다.

왕비의 울분과, 그 울분을 고스란히 두 어깨로 받아내고 있는 크리스의 중압감이 전해져 지아는 답답한 한숨을 내쉬었다. 크리스는 도저히 불가능한 것을, 그것도 최악의 상황에서 강요당하고 있던 것이다.

"그래서 그렇게나 지친 눈빛을 보였나 봐."

한별이 힐끗 고개를 돌려 혼잣말을 하는 지아를 바라보았다. 안쓰러움으로 지아의 눈에서는 금방이라도 눈물이 뚝뚝 떨어질 것 같았다. 한별은 주먹을 꽉 움켜쥐었다.

'네 그런 얼굴, 보고 싶지 않아.'

그날 밤, 잠을 이룰 수가 없었던 크리스는 서재로 향했다. 뜻밖에도 한별이 그곳에서 그를 기다리고 있었다.

"한별! 네가 여긴 어떻게…."

텅!

한별은 대답 대신 그의 발밑에 뭔가를 던졌다. 서재 벽에 한 쌍으로 걸어놓던 펜싱용 칼이었다. 다른 하나는 한별의 손에 들려 있었다.

"왜 갑자기 칼을…."

"난 지금까지 네가 별 고민도 없이 속 편한 녀석이라고 생각했어. 하지만 너도 나름의 고충이 있더군. 오해해서 미안해."

한별의 말에 크리스는 점점 더 모르겠다는 표정을 지었다. 한별이 다시 말했다.

"하지만 그럼에도 난 네가 싫어. 왜냐하면 지아가 널 좋아하니까. 그러니까 마지막으로 담판을 짓자."

크리스가 인상을 찌푸렸다.

"미안하지만 오늘은 도저히 네 장난을 받아줄 기분이 아니야."

"장난 같아?"

한별이 낮게 말했다. 그의 눈빛은 전에 본 적이 없을 정도로 진지했다.

"너, 진심이야?"

"난 지아의 일이라면 언제나 진심이야. 내가 이기면 우리가 집으로 돌아갈 때까지 지아에게 말도 걸지 마. 대신 네가 이기면 무슨 수를 써서라도 내가 성을 떠날 테니까."

"그렇다고 난데없이 진검승부라니 말도 안 돼. 네가 뭔가 오해하나 본데 지아와 난 그저 친구일 뿐, 그 이상도 이하도 아니야."

크리스 나름대로는 한별을 진정시키기 위해 한 말이었지만 결론적으

로 그것은 한별의 불타는 분노에 기름을 끼얹은 격이 되고 말았다.

"끝까지 건방진 말을! 용서 못 해!"

한별은 외마디 함성을 지르며 다짜고짜 공격하기 시작했다.

느닷없이 시작된 한별의 공격에 크리스는 반사적으로 칼을 집었다. 가끔씩이나마 펜싱 연습을 해왔기에 한별의 공격을 흘려 넘기는 것은 그리 어렵지 않을 것이라 생각했다.

하지만 몇 번의 공방이 오가자 자신이 잘못 생각했다는 것을 깨달았다. 기술은 위였지만 한별에게는 그것을 뛰어넘고도 남을 힘이 있었다. 게다가 분노는 그 힘을 두 배, 세 배로 만들었다. 크리스의 이마에 식은땀이 흘렀다.

카앙! 카아앙!

칼과 칼이 부딪히는 쇳소리가 서재 안에 난무했다. 책상 위에 놓여있던 책장이 순식간에 조각나 사방으로 날렸고, 장식품들은 요란한 소리와 함께 산산조각이 났다.

"크윽! 자, 잠깐만! 내 얘기를 좀 들어 봐!"

크리스는 어떻게든 한별을 진정시키려고 쉬지 않고 말을 걸었다. 하지만 한별은 아무것도 듣지 않겠다는 듯 사납게 칼을 휘둘렀다. 서서히 뒷걸음질 치는 크리스의 숨소리가 거칠어졌고 칼날끼리 부딪힐 때마다 손목부터 어깨까지 팔 전체가 저렸다. 그러는 사이 등이 차가운 서재의 벽에 닿았다.

채앵!

동시에 크리스의 칼이 손을 벗어나 허공으로 날아올랐다. 날아오른 칼은 허공에서 몇 바퀴 회전한 끝에 서재의 문 앞, 누군가의 발치에 깊숙이 꽂혔다.

크리스가 칼을 떨어뜨리자 한별도 칼을 바닥에 던졌다. 기분이 더러웠다. 크리스가 그저 자기의 공격을 막았을 뿐, 단 한 번도 반격하지 않았다는 것을 자신도 알고 있었다.

"내가 이겼지? 이제 지아에게 접근하지 마."

돌아서는 한별의 귀에 크리스의 목소리가 들렸다.

"미안하지만 그렇게는 못 해. 지아와 넌, 내가 태어나서 처음 가져 본 친구야."

한별이 번개처럼 돌아섰다. 그리고는 크리스의 멱살을 틀어잡고 소리쳤다.

"친구? 웃기지 마! 지아는 널 좋아한단 말이야!"

"그, 그건…."

"그건 뭐? 난 네가 지아의 감정을 그렇게 무시하는 게 싫어! 싫다고!"

한별은 아까보다 더욱 화가 나는지 멱살 쥔 손을 한층 더 바싹 당겼다. 숨이 막히는지 붉어진 크리스의 얼굴이 코앞까지 다가오자 한별의 얼굴도 덩달아 붉어졌다. 화가 나서인지 아니면 다른 이유인지는 자신도 몰랐다.

한별은 별안간 짜증이 나 그를 벽 쪽으로 와락 밀어냈다.

동시에 싸늘한 목소리가 등 뒤에서 들려왔다.

"강한별, 지금 뭐하는 거야?"

돌아보니 지금까지 본 적이 없을 만큼 냉랭한 표정의 지아가 지그시 노려보고 있었다.

"이 녀석을 너에게서 떨어뜨려 놓으려는 거야. 이 녀석, 네 감정을 이용해서…."

한별의 말이 끝나기도 전에 지아의 손바닥이 허공을 갈랐다.

짜악!

"누가 너한테 그런 것까지 걱정해 달래? 언제 나한테 물어보기라도 했어?"

한쪽 뺨을 감싼 채 한별은 상처받은 듯한 눈으로 지아를 바라보았다.

"넌 언제나 네 마음대로 날 가두고 휘두르려고 해. 내 생각, 내 감정 같은 건 전혀 상관없이 말이야. 그렇게 하면 내가 고마워할 것 같아?"

지아의 신랄한 말에 한별은 입을 꾹 다물었다. 지아는 그런 한별의 앞을 지나 보란 듯 마른기침을 토해 내는 크리스의 옆에 섰다.

"네가 어떻게 생각하건, 크리스가 무슨 말을 했건 난 크리스가 좋아. 그러니 인정하든지, 아니면 떠나."

지아의 차가운 말이 한별의 가슴에 비수처럼 틀어박혔다. 한별은 이를 악물고 서재 밖으로 도망치듯 뛰어나갔다.

한별이 나가자 크리스가 난처한 표정을 지었다.

"지아야, 조금 전에는…."

지아도 조금 전 자신에게 아무런 감정도 없다는 크리스의 말을 들었다. 난생 처음 좋아한 상대에게 보기 좋게 차인 것이다. 속상하고 창피함에 화끈 얼굴이 달아올랐다.

"금방 내가 한 말 신경 쓰지 마. 한별이 녀석이 하도 유난을 떨어서 그냥 해 본 소리니까."

지아가 크리스의 말을 재빨리 끊으며 말했다. 그리고 아무렇지도 않은 척 어깨를 으쓱였지만 눈동자에 고인 눈물까지 숨길 수는 없었다.

"오늘은 너무 늦었으니까 내일 얘기하자."

지아도 그런 자신의 모습을 크리스의 눈동자를 통해 보았다. 그래서 크리스가 또 다른 말을 꺼내기 전에 서둘러 돌아섰다.

"지아야, 잠깐만!"

지아는 그 자리에 멈춰 섰다.

"오해하지 말았으면 좋겠어. 나도 네가 좋아 단지…."

크리스의 목소리는 뭔가 큰 비밀이라도 고백하려는 듯 떨리고 있었다. 하지만 지아는 뒷말을 듣지 못했다.

콰앙!

"헉헉… 크리스님. 여기 계셨군요. 당장 여기서 도망쳐야 해요!"

서재의 문이 부서져라 열고 들어온 파올라는 크리스를 발견하자마자 가쁜 숨을 몰아쉬었다.

"도망이라니?"

"병사들이 몰려왔어요. 그것도 수십 명이!"

파올라의 말이 끝나기도 전에 크리스가 서재 밖으로 달려 나갔다. 지아도 그 뒤를 따랐다. 복도로 나오자 파올라의 말대로 1층으로 통하는 계단을 통해 낯선 남자들의 거친 고함과 발소리가 들려왔다.

"전부 뒤졌는데 1층에는 없어! 2층을 뒤져 봐!"

누군가 소리치는 목소리에 크리스의 얼굴빛이 시커멓게 변했다. 1층에는 마리아 왕후의 침실이 있었다.

"어머니!"

크리스는 앞뒤 생각할 겨를도 없이 계단 쪽으로 몸을 돌렸다. 하지만 파올라의 굵고 튼튼한 팔뚝이 그의 허리를 잡았다.

"안 돼요! 저들이 노리는 건 황자님이라고요. 잡히면 죽어요."

"하지만 어머님이….."

"안 돼요. 절대 안 돼요!"

파올라는 나지막하게 흐느끼고 있었다. 파올라는 그의 유모였다. 친자식과도 같은 황자를 절대로 보내지 않겠다는 의지가 팔을 타고 그대로 크리스에게 전달되었다.

어머니를 찾기 위해 내려갈 수도, 그렇다고 이대로 도망칠 수도 없는 크리스의 갈등이 그대로 얼굴에 나타났다. 지아도 안타까움에 발을 굴렀다.

그때, 계단을 달려 올라오는 누군가의 발소리가 들렸다. 지아의 얼굴빛이 순식간에 창백해졌다. 크리스와 파올라 역시 숨을 죽였다.

다음 순간, 세 사람의 입에서 안도의 한숨이 흘러나왔다. 계단을 올라온 것은 한별이었다. 그리고 크리스가 그토록 걱정하던 왕후도 함께였다. 한별이 그녀를 데려온 것이다.

"어머니!"

크리스는 왕후의 손을 잡고는 한별에게 고맙다는 눈인사를 건넸다.

"아래층은 완전 쑥대밭이야. 어떤 놈들인지 몰라도 몽땅 뒤집어 놨더라고."

계단을 다 오른 한별도 신경쓰지 말라는 듯 손을 흔들었다. 조금 전까지 칼을 휘두르며 싸웠다는 사실은 둘의 머릿속에서 이미 사라진 것 같았다.

"아무래도 문으로 나가긴 틀렸는데 혹시 비밀 통로 같은 거 없어?"

한별의 말대로 벌써 계단 아래쪽에서는 여러 명이 올라오는 발소리가 들려왔다. 크리스가 눈을 빛내며 복도 반대쪽을 가리켰다.

"따라와!"

크리스를 따라 구불구불한 2층 복도를 내달리던 일행은 거울이 있는 탑과 연결된 문 앞에 도착하고서야 비로소 멈춰 섰다.

한별과 지아는 커다란 자물쇠가 달린 그 문을 알아보았다.

"기껏 데려온 데가 여기냐? 너, 바보야? 아래로 내려가도 모자랄 판국에 위로 올라와서 뭘 어쩌자고? 다 같이 손잡고 뛰어내리자고?"

지아가 뭐라고 하기도 전에 한별이 길길이 날뛰었다. 지아도 내심 같은 생각이었다. 하지만 튀어나온 말은 생각과 딴판이었다.

"시끄러워. 너 때문에 들키겠어. 크리스도 생각이 있겠지."

"생각은 뭔 생각? 문까지 잠겨 있잖아."

"열쇠라면 내 방에 있는데…."

왕후의 말에 크리스를 제외한 모두의 안색이 새카맣게 변했다.

"으악! 저 녀석, 무서워서 머릿속이 텅텅 빈 거라고."

"너야말로 조용히 좀 해!"

언제 싸웠나 싶게 사이좋게 으르렁거리는 지아와 한별의 싸움에 크리스도 끼어들었다.

"아무리 무서워도 너보다는 똑똑하니까 한별 넌 제발 입 좀 닫아. 너 때문에 잡히면 유령이 되어서 쫓아다녀 줄 테니까."

크리스는 한별에게 핀잔을 준 뒤 문 옆의 벽을 더듬었다.

다른 사람들은 크리스가 하는 것을 의아한 눈으로 바라보았다. 그들이 보기에 벽을 메운 벽돌은 모두 똑같아 보였다.

벽을 더듬던 크리스는 그중 하나를 힘주어 눌렀다. 그러자 쇠와 쇠끼리 부딪히는 금속의 마찰음과 함께 벽의 한쪽 귀퉁이가 서서히 밀려나며 작은 구멍이 드러났다.

한별과 지아는 느닷없이 드러난 비밀 통로를 놀란 눈으로 바라보았다. 지금까지 몇 년 동안이나 이 성에서 함께 지내오던 왕후와 파올라 역시 이 비밀을 처음 알았는지 눈을 크게 떴다.

하지만 놀랄 시간이 없었다. 추격자들의 목소리는 벌써 복도 모퉁이 저편에서 들려오고 있었다.

"어서 안으로!"

크리스의 손짓에 일행은 일제히 구멍 안으로 몸을 날렸다. 마지막으로 크리스마저 집어삼킨 구멍은 열렸을 때와 마찬가지로 낮은 소음과 함께 스르르 닫혔다.

구멍 안쪽에 들어서자 위쪽은 탑으로, 아래 쪽은 지상으로 향한 갈림

길이 보였다. 일행은 아래로 내려가는 길을 택했다.

"나도 이쪽은 한 번도 가 본 적이 없어."

"그래도 이게 어디야? 정말 비밀 통로가 있었다니 놀랐다고."

크리스의 말에 맨 앞에서 걷던 한별이 얼굴에 달라붙는 거미줄을 열심히 뜯어내며 말했다.

지아도 고개를 끄덕이다가 문득 크리스를 바라보았다.

"아, 그러고 보니 너 우리를 만난 첫날도 이곳으로 내려온 거구나?"

"응. 성 안은 답답해서 가끔씩 바람을 쐬러 올라가곤 했어. 밖으로 나갈 수 없으니까."

지아의 말에 크리스는 고개를 끄덕였.

한별이 툴툴거렸다.

"쳇, 그런 거 반칙이라고."

하지만 다음 순간 셋은 입을 꾹 다물었다. 그들의 눈앞에 반쯤 썩어 부서진 작은 문이 나타났기 때문이다.

가장 앞서 걷던 한별이 허리를 구부려 조심스레 문을 밀었다. 조금 힘을 주자 문은 별 저항 없이 열렸다.

한별이 가장 먼저 밖으로 나갔다. 그 뒤를 따라 하나 둘 밖으로 나오는 일행을 새하얀 달빛과 싸늘한 바람이 맞아 주었다. 모두의 바람대로 성을 빠져나온 것이다. 게다가 병사들이 지키고 있는 성문과 제법 거리가 있는 곳이었다.

하지만 일행의 얼굴은 전혀 밝지 않았다. 오히려 조금 전보다 더욱 당황한 표정을 지었다. 그들이 도착한 곳은 겨우 발 디딜 공간을 제외

하고는 곧장 아래로 뚝 떨어지는 수직 절벽이었기 때문이었다. 발밑을 내려다보니 밤바다가 절벽에 부딪히며 달빛보다 더 새하얀 포말을 만들어 내고 있었다. 현기증이 인 듯 왕후가 짧은 신음 소리를 냈다.

하지만 다른 방법을 찾을 시간이 없었다. 머리 위에서 누군가가 그들을 발견하고 고함을 쳤다.

"저기 왕후와 황자가 있다!"

흠칫 놀라 올려다보니 창밖으로 고개를 쑥 뺀 누군가가 고래고래 소리치고 있었다. 그의 외침은 차갑게 내려앉았던 밤공기를 깨고 사방으로 퍼져 나갔다.

성문 앞을 지키던 병사들도 고개를 돌려 일행을 발견했다. 멀리서도 그들의 눈동자가 번뜩이는 것이 똑똑히 보였다.

"어쩌지?"

모두의 얼굴이 공포로 굳어졌다.

사방을 살피던 크리스가 뭔가 결심한 듯 이를 악물었다.

"에라 모르겠다. 어떻게든 빠져나가는 게 우선이야! 일단 튼튼한 한별이 너부터!"

"어어… 으악!"

크리스는 어리둥절한 표정의 한별을 냅다 바다로 떠밀었다. 한별은 비명 지를 틈도 없이 검푸른 바닷물로 떨어졌다.

풍덩!

요란한 소리와 함께 하얀 물보라가 생겼다. 뒤이어 크리스는 기절할 듯 놀란 표정의 왕후와 파올라 쪽으로 돌아섰다.

"크리스? 서, 설마 우리도….”

“죄송해요, 어머니. 파올라, 어머니를 잘 부탁해!”

크리스는 비명을 지를 틈도 주지 않고 왕후와 파올라마저 바다로 밀어버렸다. 사이좋게 떨어진 두 사람 역시 하얀 물보라를 일으키며 바다로 떨어졌다.

마지막으로 남은 지아는 크리스를 피하려는 듯 뒤로 주춤 물러섰다.

“크리스! 지금 뭐하는 거야?”

“죽기 싫으면 별 수 없잖아. 나도 썩 내키진 않다고.”

크리스는 씩 웃으며 뒤로 물러서려는 지아의 팔을 재빨리 움켜잡았다. 그리고는 발버둥치는 지아를 끌고 바다를 향해 뛰어내렸다.

“꺄아아아악!”

허공으로 붕 떠오른 지아는 긴 비명을 질렀다. 순식간에 시커먼 바다가 눈앞에 들이닥쳤다.

풍덩!

심장이 멈추는 듯한 충격에 지아는 순간 숨을 들이마시고 말았다. 폐까지 얼려버릴 듯한 차가운 바닷물이 지아의 입속으로 쏟아져 들어왔다. 숨이 막힌 지아가 발버둥을 쳤다.

그때 누군가의 손길이 지아의 뒷목을 강하게 잡아당겼다. 그리고 다음 순간 지아는 물 밖으로 끌려 올라왔다.

“후아!”

참았던 숨을 토해 내는 것과 동시에 죽을 것 같이 기침을 쏟아냈다.

그리고 화난 눈으로 옆을 째려보았다. 크리스가 거기에 있었다.

"이 무식한 녀석….'

"미안. 하지만 다른 방법이 없었잖아."

크리스의 말에 지아는 자신이 뛰어내린 절벽 위쪽을 올려다보았다. 횃불을 든 병사들 사이로 성급한 몇몇이 절벽 아래를 기어 내려오고 있는 것이 보였다.

지아는 그제야 주변을 둘러보았다. 다행히 크리스와 왕후, 파올라도, 가장 먼저 빠진 한별도 물 밖으로 고개를 내밀고 있었다. 겨울이 지났다고는 하지만 북극에 가까운 탓에 물은 심장마비를 일으키기 딱 좋을 정도로 차가웠다. 모두의 입술은 벌써 새파랗게 질려 있었다.

"으으… 얼어죽지 않으려면 몸을 움직이는 게 낫겠어."

크리스가 덜덜 떨리는 목소리로 말했다. 모두가 그 의견에 동의하는 듯 고개를 끄덕였다.

한별, 지아, 크리스, 왕후, 그리고 파올라까지 다섯 명은 잠시 사방을 살펴 방향을 가늠한 뒤 육지라고 짐작되는 방향을 향해 차가운 바다를 가로지르기 시작했다.

새벽녘이 되어서야 반쯤 동태가 된 일행은 간신히 자갈이 깔린 해안가에 도착했다. 온몸이 꽁꽁 얼어붙어 덜덜 떨리기는 했지만 다행히 낙오된 사람은 없었다.

그들이 도착한 곳은 성이 있던 룰레오와 핀란드 국경의 중간쯤에 위치한, 마을 주민이라고 해 봐야 대여섯 명의 노인이 전부인 이름도 없는 작은 어촌마을이었다. 고기잡이에 나가려던 촌로들은 난데없이 바다에서 걸어 나온 일행을 발견하고는 기절할 듯 놀랐다.

하지만 그들 중 어느 누구도 노인들의 시선까지 신경 쓸 여유가 없었다. 왕후를 업듯이 부축한 파올라가 가장 먼저 해변으로 나와 그대로 드러누웠고, 그 뒤를 지아와 한별이 비틀거리며 걸어 나왔다.

지아는 얼음이 버석거리는 머리를 쥐어짜며 이를 갈았다.

"으으… 크리스, 이 무식한 녀석 어디 있어? 정말 죽는 줄 알았잖아."

"동감. 나도 딱 죽기 직전이야."

한별도 죽을 것 같은 얼굴로 고개를 끄덕이며 뒤를 돌아보았다. 그리고는 그대로 얼어붙었다. 바로 뒤에서 따라오던 크리스가 등을 보인 채 죽은 듯 쓰러져 있었기 때문이었다. 완전히 정신을 잃었는지 바닷물이 밀려올 때마다 그의 몸은 이리저리 춤을 추었다.

"크리스!"

한별은 외마디 함성처럼 그의 이름을 부르며 크리스에게 달려갔다. 지아도 뒤늦게 크리스를 발견했는지 비명을 지르며 바닷가로 되돌아갔다.

먼저 도착한 한별이 재빨리 크리스를 바닷물에서 끌어냈다. 그리고는 뒤따라온 지아와 함께 그를 바로 눕혔다.

파리하게 질린 얼굴과 보라색으로 물든 입술은 다른 사람과 크게 다르지 않았다. 하지만 지아보다도 더 가늘어 보이는 허리, 그리고 무엇보다도 천으로 둘둘 싸여 있지만 봉긋한 가슴에까지 눈길이 닿자 둘의 얼굴이 동시에 경악으로 물들었다.

"맙소사…!"

크리스의 어깨를 안고 있던 한별은 깜짝 놀란 나머지 불에 데인 듯 뒤로 한 발짝 물러섰다. 바닷물에 젖고 나서야 온전히 드러난 크리스의 몸은 아무리 봐도 소년의 것이 아니었다.

"크리스가… 여자였어?"

"나도 몰라."

한별의 반응과 지아의 놀란 음성에 멀찍이 앉아 있던 파올라와 왕후의 얼굴이 동시에 굳어졌다.

대답은 왕후의 입에서 흘러나왔다.

"너희들이 보는 대로 그 아이는 황자인 동시에 내 딸 크리스티나이기도 하단다."

지아의 귀에는 한별의 다급히 들이쉬는 숨소리도, 왕후의 말소리도, 파도 소리도 들리지 않았다. 그저 크리스티나라는 이름만이 마치 커다란 종소리처럼 계속해서 지아의 고막을 두드렸다.

일행은 해안가에서 가장 가까운 오두막 안에 모여 앉았다. 노인들 중 한 명이 그들을 위해 집을 열어 준 것이다. 노인은 고맙게도 갈아입을 옷까지 준비해 주었다.

커다란 벽난로가 한참을 타오르자 일행은 몸에서 한기가 빠져나가는 것을 느꼈다. 하지만 입을 여는 사람은 아무도 없었다. 집주인인 노인과 파올라가 식사를 준비했지만 아무도 수저를 들 생각을 하지 않았다. 참다못한 노인이 먼저 슬쩍 자리를 비켰고, 파올라도 노인을 돕는다며 식탁을 떠났.

숨 막히도록 무거운 침묵을 깬 사람은, 이제는 크리스티나라는 소녀로 변한 크리스였다. 옷마저 노인이 손녀의 옷이라며 내어 준 드레스를 입고 있었다.

"속여서 미안해. 사실은 어젯밤 너에게 말하려고 했는데 하필 이런 일이 벌어져서…."

지아에게 하는 말이었다.

지아 역시 룰레오 성 서재에서의 마지막 순간을 떠올리고는 짤막한 신음성을 냈다. 하지만 얼굴은 조금도 밝아지지 않았다. 지금껏 속아 왔다는 배신감 때문이었다.

일그러지는 지아와는 다르게 한별의 얼굴은 시시각각 변했다. 환하게 웃는 모습에 심장이 두근거렸던 순간이 번개처럼 머릿속을 스치는가 하면, 여자인 줄 모르고 마구 퍼부었던 험한 말들이 떠올라 무안하고 창피함에 두 뺨이 시뻘겋게 달아오르기도 했다. 난생 처음 입은 치마가 어색해 몸을 이리저리 뒤트는 크리스티나가 귀여워 피식 웃음도 났다.

"크리스티나를 미워하기 전에 내 이야기를 들어 주렴. 이 모든 것이 나와 죽은 아돌프의 욕심 때문이었으니까."

그때 왕후가 말했다. 화려한 옷을 벗고 노인이 내어 준 소박하다 못해 남루한 옷을 입은 그녀의 얼굴에는 지난 세월에 대한 회한이 가득했다.

"우리는 아들을 원했어. 나는 남편의 뒤를 이어 스웨덴의 주인이 될 아이를, 아돌프는 그가 쌓아올린 것을 더욱 위대하게 만들어 줄 후계자를 원한 거지. 그리고 무엇보다 그것만이 가문의 반대를 무릅쓰고 결혼을 강행한 나의 가문에 대한 속죄같이 느꼈던 거야."

그녀가 이야기하자 한쪽 구석에 앉아있던 파올라와 노인을 비롯하여 모든 사람들이 귀를 기울였다. 왕후의 나직한 목소리가 오두막 안에 조용히 흘렀다.

"실제로 크리스티나가 태어나기 전에 난 아들을 낳았단다. 그것도 둘이나. 하지만 웬일인지 그 아이들은 태어나자마자 그만 죽고 말았지. 모든 스웨덴의 국민들이 후계자를 잃은 슬픔에 눈물을 흘렸단다. 하지만 가장 가슴 아팠던 건 역시 나와 아돌프였어."

품에 안기도 전에 잃은 아이들이 생각나서인지 왕후의 목소리는 새벽의 안개처럼 촉촉이 젖어 있었다.

귀를 기울이던 사람들은 숙연한 얼굴로 그녀의 다음 말을 기다렸다.

"그래서 크리스티나가 태어났을 때 나도, 아돌프도 뭐에 홀린 듯 황자라고 소리쳐 버린 거야. 사람들은 열광했지. 나보다 아돌프가 더 심했어. 그는 고집스럽게 크리스티나에게 남자 옷을 입히고, 걷기도 전에 검술을 가르치고 말에 태워 행진의 가장 앞에 세웠단다. 그리고 이 아이가 걷기 시작하자마자 황자로 임명해 버렸어.

그제야 일이 잘못 돌아가고 있다는 것을 깨달았지만 너무 늦어버린 후였지. 이미 크리스티나는 황자 크리스가 된 후였으니까. 그래서 우리 세 사람, 나와 아돌프, 그리고 크리스티나가 태어났을 때 함께 있었던 유모 파올라는 입을 다물고 비밀을 지키기로 했단다. 고맙게도 크리스티나는 못된 어른들의 욕심을 기꺼이 이해해 주었지."

왕후가 잠시 말을 끊자 오두막은 침묵에 잠겼다. 크리스티나는 힘들었던 지난 시간이 스쳐 지나가는 듯 씁쓸한 웃음을 지었고 한별과 지아는 이 상황을 이해하려고 노력하는 중이었다.

　가장 충격을 받은 사람은 노인이었다. 왕후가 고백하듯 말하는 엄청난 이야기에 노인은 아예 혼이 쏙 빠져나갈 지경이었다.

　하지만 노인에게는 불행히도 왕후의 말은 아직 끝난 것이 아니었다.

　"그런 이유로 크리스티나는 성년이 되면 국왕이 될 수 있어. 아돌프의 아들인 데다가 유일한 황자였으니까. 카트리나가 카를에게 주고 싶어했던 게 바로 그 지위야. 카를은 영리하고 야망도 있지만 황자라는 이름을 갖기 전에는 아돌프의 다른 조카들처럼 그저 흔한 왕자들 중 하나에 불과하니까."

　지아는 전에 보았던 카를의 얼굴을 떠올렸다. 크리스티나와 닮은, 하지만 전혀 다른 분위기의 소년을.

　왕후가 다시 말했다.

　"카트리나는 아돌프를 끈질기게 졸랐지. 자신의 아들에게도 왕위 계승권이 있는 황자의 지위를 달라고. 게다가 나와는 다르게 스웨덴의 귀족과 결혼한 그녀는 국내에 지지 세력이 아주 많아. 아돌프도 만일의 사태를 대비하는 차원에서 여동생의 간청을 수락할 생각이었어. 하지만 불행히도 아돌프는 그 전에 전사하고 말았지. 그래서 카를은 그저 평범한 왕자로 남게 되었어. 더불어, 정기적으로 황자인 크리스에게 충성심을 증명해야만 하는 의무도 가지게 되었지."

　"그래서 카트리나 고모와 카를은 그토록 우리를 미워하면서도 일 년에 한 번씩 찾아왔던 거야."

　크리스티나가 덧붙였다.

그동안의 사정을 모두 설명한 왕후의 얼굴이 갑자기 자책으로 일그러졌다.

"카트리나를 도발하는 게 아닌데. 그녀가 얼마나 왕관을 가지고 싶어 하는지도, 그녀의 자존심이 얼마나 센지 알면서도 순간의 치욕을 참지 못했어. 나 때문에 네가 죽을 뻔 하다니…."

그녀의 일그러진 얼굴 위로 눈물이 흘렀다. 그 순간만큼은 평범한 어머니였다. 크리스티나의 손이 투박한 식탁 위를 가로질러 그녀의 손을 꼭 잡았다.

"너무 자책하지 마세요. 어머니가 참았더라도 카트리나 고모는 내년 제 성년식 전에 어떻게든 절 죽이려 들었을 거예요."

왕후는 겨우 고개를 끄덕였다. 하룻밤을 꼬박 얼음장 같은 바다를 헤엄치고, 거기에 오래 묻어 두었던 비밀을 고스란히 토해 낸 그녀의 얼굴에는 피곤이 가득했다. 다른 사람들도 마찬가지였다. 물 먹은 솜처럼 온 몸이 무거웠다.

창밖에는 어느새 달이 떠올라 있었다. 이야기를 풀어놓는 동안 밤이 찾아온 것이다.

"나머지 이야기는 내일 계속하고 이만 잠자리에 들죠."

파올라가 말했다. 이미 노인은 앉은 채 기절한 후였다.

나머지 일행들도 모두 적당히 자리를 잡고 누웠다.

모두가 잠에 빠진 후에도 지아는 좀처럼 잠들지 못했다. 몸은 이미 피곤의 한계를 넘어서 손가락 하나 까딱하기도 힘들었는데 머릿속은 점점 또렷해지기만 했다. 한참을 뒤척이다 결국 잠들기를 포기하고 벌떡 일어났다.

 지아는 조심스럽게 오두막의 문을 열고 밖으로 나왔다. 5월이었지만 북극과 가까운 까닭에 바람은 여전히 차가웠다.
 "감기 든다. 받아."
 그때 옆에서 불쑥 담요가 튀어나왔다. 돌아보니 먼저 나온 듯 한별이 통나무 벽에 기대 서 있었다. 머리가 복잡하기는 마찬가지였던 모양이었다. 지아는 두말 않고 그가 내민 담요를 받아 어깨에 둘렀다.
 둘은 한동안 나란히 걸어 바닷가에 놓인 커다랗고 평평한 돌 위에 걸터앉았다. 돌 밑으로 잔잔한 파도가 닿을 듯 밀려왔다가 멀어지기를 반복했다.
 "상상도 못했어."
 "나도."
 짧은 대화는 더 이상 이어지지 않고 침묵으로 이어졌다. 문득 한별의 입에서 바람 빠지는 웃음이 새어나왔다.
 "그러고 보니 지아 너, 여자애한테 고백했었던 거구나."
 지아가 발끈해서 되받아쳤다.
 "그, 그러는 너는 그동안 여자한테 결투를 하자고 못살게 굴었잖아. 칼질도 했지, 아마?"
 한별은 뜨끔했는지 어깨를 움찔하더니 단호히 고개를 저었다.
 "흠흠, 내가 언제?"
 "강한별, 오래전도 아니고 바로 어제 한 짓을 잡아 떼냐?"

"기억 안 나."

"진짜 치사하다, 너."

말소리는 점점 더 커져갔다. 그때 갑자기 누군가의 목소리가 들려왔다. 말싸움에 정신이 팔려 있던 지아와 한별은 소스라치게 놀라 뒤를 돌아보았다. 크리스티나가 거기에 서 있었다.

"피곤하지 않아? 여기서 뭐 해?"

"으악!"

"꺅!"

둘의 반응에 더욱 놀란 쪽은 크리스티나였다. 그녀는 무안한 듯 얼굴을 붉히며 미안하다는 말과 함께 돌아서려 했다. 그런 그녀의 손을 한별이 잡았다.

"아, 아니야. 그냥 놀라서 그런 거야. 앉아."

말하고 나서야 한별은 크리스티나가 여전히 소녀의 옷을 입고 있음을, 그리고 여자 옷이 제법 잘 어울린다고 생각하는 자신을 발견했다. 그것을 의식한 순간 얼굴을 붉혔다.

지아 역시 크리스티나를 바라보았다. 잠시나마 좋아했던 소년이 이제는 자기보다 훨씬 예쁜 소녀로 변했다는 사실에 입 안이 썼다. 한별의 헤벌쭉한 미소도 더 이상 보기 싫어졌다.

지아는 벌떡 일어섰다.

"내 자리에 앉으면 되겠네. 난 들어가려던 참이니까."

돌아서는 지아에게 크리스티나가 다급히 말했다.

"지아야, 속인 거 미안해."

지아가 잠시 멈춰 섰다. 그리고는 고개를 한 차례 젓고 다시 발을 옮겼다.

"신경 쓰지 마. 내가 혼자 바보 같은 짓을 하고 다닌 거니까."

지아가 오두막으로 들어가자 크리스티나는 더욱 난처한 표정을 지었다.

"지아는 내가 잘 알아. 이럴 때는 그냥 혼자 놔두는 게 제일 좋아. 너도 어쩔 수 없었다며? 지아도 결국 이해해 줄 거야."

한별의 말에 크리스티나는 작게 한숨을 쉬고는 지아가 비워둔 자리에 앉았다.

"그나저나 안 피곤해?"

"괜찮아. 나, 튼튼하거든. 너도 많이 놀랐지?"

"응? 아아, 조금. 하지만 우리가 거울에서 나왔을 때 너만큼 놀랐겠냐?"

한별의 말에 크리스티나가 빙긋 웃었다.

"그건 그래. 그때는 정말 심장이 멈추는 줄 알았다니까."

달빛을 받아 투명하게 빛나는 그녀의 미소에 한별의 뺨이 한 번 더 화끈거렸다. 그것을 들키지 않기 위해 한별은 헛기침을 요란하게 했다.

"흠흠, 그런데 이제 어떻게 할 거야?"

"나도 잘 모르겠어. 생각 같아서는 당장 스톡홀름으로 쳐들어가고 싶기도 하지만 어머니가 걱정되기도 하고…."

"스톡홀름이라… 거기 가면 넌 황제가 되는 거야? 아아, 이제 여왕인가?"

"후훗. 내 신분은 황녀가 되니까 여왕이 되는 게 맞아. 물론 쉽지는 않겠지만."

한별의 말에 크리스티나가 웃었다. 하지만 미소는 이내 쓸쓸하게 변했다. 오직 왕이 되기 위해 만들어진 가공의 존재 크리스 황자로만 살아왔던 지난 시간들이 떠올라서였다. 그리고 아주 어렸을 때부터 줄곧 자신을 증오하던 카트리나에 대한 두려움 역시 적지 않았다.

한별은 자신도 모르게 크리스티나의 손을 잡았다.

"다 잘 될 거야. 어젯밤에도 무사히 빠져나왔잖아."

크리스티나가 고개를 끄덕였다.

"응."

불 꺼진 오두막 창가에 선 지아의 눈에 나란히 앉은 한별과 크리스티나의 뒷모습이 보였다. 한순간 둘의 어깨가 닿을 듯 가까워졌다.

"짜증나. 이제 다 귀찮아졌어."

지아가 나직이 중얼거렸다. 여전히 잠은 오지 않았다.

다음 날, 오두막 안은 발칵 뒤집혔다. 지아가 보이지 않았기 때문이었다.

헛간에 묶어 놓았던 노인의 말과 마차도 감쪽같이 사라졌다. 지아가 끌고 나간 것이 뻔했다.

"으악! 한지아, 이 사고뭉치!"

한별이 머리를 쥐어뜯었다. 그리고 헛간에 남은 것이 없나 살펴본 뒤에는 더욱 절망적으로 외쳤다.

"남은 게 겨우 노새? 할아버지, 말 없어요, 말?"

노인은 고개를 저었다. 말이라고는 마을 전체에 딱 한 마리뿐이었고, 그것은 지아와 함께 사라졌다. 한별은 한숨을 푹푹 내쉬며 노새의 등에 낡은 짐마차를 연결했다. 지아를 뒤따라가야 했기 때문이다.

한별이 부지런히 움직이는 동안 크리스티나는 여전히 고민스러운 얼굴이었다. 마음 같아서는 한별과 함께 지아를 찾아 나서고 싶었지만 차마 지친 어머니의 곁을 떠날 수가 없었기 때문이었다.

그녀의 고민을 짐작한 왕후가 먼저 말했다.

"내 걱정 말고 가 보렴. 교회에 몸을 맡기면 카트리나도 함부로 하진 못할 거야. 게다가 내 곁엔 파올라가 있잖니?"

"예? 하지만…."

"태어나서 한 번도 너의 뜻대로 해준 것이 없잖아. 그러니 이제부터는 네가 하고 싶은 대로 살아라. 네가 원한다면 평범한 여인으로 살아도 괜찮아."

왕후의 말에 크리스티나는 속마음을 들킨 듯 깜짝 놀랐다. 황자인 척 지낼 때도 자신이 여자라는 것을 잊어본 적이 없기 때문이었다.

"난 네 엄마잖아. 지금까지 모른 척해서 미안할 따름이지."

왕후가 웃으며 말했다. 그것은 지금까지 보아 왔던 중 가장 편안한 미소였다. 화려한 드레스와 번쩍이는 보석으로 치장하던 시절보다 오히려 더 아름다웠다.

왕후의 눈동자를 들여다보던 크리스티나가 한별을 돌아보았다. 그녀의 입가에 왕후의 미소가 그대로 옮겨와 있었다.

"고마워요, 어머니."

한별과 크리스티나는 왕후와 파올라, 그리고 뻣뻣하게 얼어버린 노인의 배웅을 받으며 마을을 떠났다.

느릿한 노새의 발걸음이었지만 워낙 작은 마을이었기에 마차는 순식간에 멀어져 갔다. 마차가 보이지 않을 때까지 손을 흔들던 왕후가 문득 손가락에 끼고 있던 반지를 뺐다. 가운데 커다란 보석이 박힌 아름다운 그 반지는 남편 아돌프에게 처음 받은 선물이었다. 그녀는 그 반지를 노인의 손에 쥐어 주었다.

"어젯밤 숙박비와 마차 값이에요."

한눈에도 비싸 보이는 반지를 받아 드는 노인의 손이 부들부들 떨렸다. 더욱 놀란 사람은 파올라였다.

"왕후님? 그건 무척 아끼시는 반지잖아요?"

"이제 필요 없어."

왕후는 웃으며 시선을 멀리 던졌다. 마차가 사라진 방향이었다.

"내 딸을, 진짜 보석을 다시 찾았으니까."

"하여튼 눈만 떼면 사고를 친다니까. 이러니 내가 어딜 혼자 보내겠어?"

느릿느릿 걷는 노새의 엉덩이를 지그시 노려보던 한별이 혼잣말처럼 중얼거렸다. 마부석에 나란히 앉아 있던 크리스티나가 힐끗 옆을 돌아보았다.

"많이 걱정 돼?"

"당연하지. 친구라고는 나 하나뿐인걸. 당나라에서도 불쑥 사라져서 사람 속을 새까맣게 태우더니 또 이런다니까."

한별은 고개를 끄덕이고는 다시 말했다.

"하지만 걱정은 안 해. 꼭 찾을 거니까. 지아를 찾는 건 내 전공이거든."

마치 스스로에게 다짐하듯 거듭 같은 말을 중얼거리는 한별의 옆모습을 물끄러미 바라보던 크리스티나가 문득 물었다.

"많이 좋아하니?"

하지만 앞을 살피던 한별은 그녀의 말을 잘 듣지 못했다.

"응? 뭐라고?"

"아무것도 아니야."

크리스티나는 고개를 흔들고는 슬쩍 시선을 내렸다. 자신이 입고 있는 하의가 보였다. 여행길이라 편한 옷을 찾느라 다시 바지를 입고 있었다. 아주 잠깐 치마를 입을 걸 그랬나 하는 생각이 머릿속을 스쳤다.

하지만 상념은 그리 오래 이어지지 않았다. 그녀의 눈앞에 그토록 보고 싶어 하던 스웨덴이 펼쳐졌기 때문이었다.

책에서만 읽어 왔던 스웨덴의 진짜 모습을 접한다는 사실에 그녀는 살짝 흥분했다. 하지만 그 흥분이 놀람과 충격으로 변하는 데는 그렇게 오랜 시간이 필요하지 않았다.

책 속에서 읽었던 풍요롭고 부강한 스웨덴은 어디에도 없었다. 오랫동안 버려져 황폐해진 대지, 반쯤 부서져 내려앉은 채 버려진 흉물스러운 농가, 그리고 그 건조한 대지 위를 움직이는 메마른 눈동자의 농민들만이 그녀의 눈에 가득 들어왔다.

"이게 스웨덴의 진짜 모습이라고?"

아버지가 이룩한 위대한 스웨덴은 어디에도 없었다. 그 황량함과 가난함, 그리고 무엇보다 눈에 보이는 모든 것들을 둘러싼 암울한 절망감에 크리스티나의 온몸이 굳어졌다. 번개를 맞은 듯한 충격이었다.

지아는 마차라고는 태어나서 한 번도 몰아본 적이 없었다. 자신의 의지와는 다르게 마차는 큰길을 벗어나 잡초가 무성한 들을 가로지르고, 좁고 울퉁불퉁한 산길을 내달렸다.

그 사이 국경 지대를 알리는 이정표도 언뜻 스쳐 지나갔지만 흔들리는 마차 위에서 떨어지지 않으려고 안간힘을 쓰던 지아는 그런 것까지 살필 여유가 없었다. 그래서 한참 만에 마차를 세웠을 때 이미 주변은 깊은 숲길 한가운데였다. 지아의 입에서 땅이 꺼질 듯한 한숨이 흘러나왔다. 후회와 짜증이 반반 섞인 한숨이었다.

"멈춰!"

고함 소리가 들린 것은 막 지아가 마차를 돌리려 할 때였다. 수풀 사이에서 누군가 뛰어나와 마차 앞을 가로막았다. 다 헤져 남루한 군복을 입은 군인들이었다. 다급히 고개를 돌려 보니 뒤쪽 또한 몇 명의 군인들에 의해 가로막혀 있었다. 먼지가 쌓이고 닳아서 잘 알아볼 수는 없었지만 그들이 입고 있는 옷은 모두 다른 군복이었다.

지아의 머릿속에 짧은 단어가 스쳐 지나갔다.

'탈주병!'

지아의 짐작대로 이들은 전투 중에 각자의 부대에서 도망친 병사들이었다. 부상을 당한 듯 몇몇은 팔과 머리 등에 붕대를 감고 있었다. 한참을 굶었는지 드러난 팔다리가 마른 나뭇가지처럼 앙상했다. 하지만 그들의 손에 들려 있는 총은 충분히 위협적이었다.

절박한, 그래서 더 위험한 그들의 눈과 마주친 지아는 천천히 마차에서 내려섰다.

지아가 내리자 탈영병들은 우르르 마차 짐칸으로 달려갔다. 그곳에는 지아가 타기 전부터 있던, 촌로가 장에 내다 팔려던 치즈와 말린 생선 등이 있었다. 그들은 배가 고팠는지 허겁지겁 그것들을 먹고 마셨다.

지아는 그들이 정신을 파는 사이 천천히 뒷걸음질쳤다. 하지만 병사들은 순식간에 실려 있던 음식들을 먹어치운 뒤 다시 지아를 향해 돌아섰다.

그들은 탐색하는 듯한 시선으로 지아의 머리끝부터 발끝까지를 살펴보았다. 뭔가 값비싼 물건을 찾는 눈길이었다. 하지만 촌로에게서 받은 소박한 면직 드레스를 입은 지금, 지아는 평범한 시골 소녀에 불과했다. 실망한 듯 어깨를 늘어뜨린 병사들이 자기들끼리 눈빛을 교환했다.

잠시 후 그들 중 한 병사가 말했다.

"미안하지만 우리를 봤다는 사람이 있으면 곤란해."

말과 동시에 그는 지아에게 총을 겨눴다. 지아는 솜털 하나하나가 바싹 서는 공포를 느끼며 다급히 말했다.

"아무 말도 안 할게요. 난 아는 사람도 하나 없단 말이에요."

지아의 필사적인 목소리에도 사내의 눈빛은 변하지 않았다. 지아는 차라리 눈을 감았다.

타앙!

귀청이 떨어질 듯한 총성과 함께 매캐한 화약 연기가 코를 찔렀다. 하지만 아프지는 않았다. 지아는 질끈 감았던 눈을 슬쩍 떠 보았다. 그런 지아의 눈앞에 한 사람이 서 있었다. 짙은 갈색머리에 환한 미소를 가진 청년이었다.

그의 뒤로 수십 명이나 되는 병사들이 회색의 군복을 입고 그를 호위하고 있었다. 군복을 입은 병사들도 보였다. 조금 전 마주친 탈주병들과는 다르게 모두들 같은 군복을 입고 있었다. 그리고 그들 중 한 사람의 총구에서는 하얀 연기가 피어오르고 있었다.

그 병사의 총이 겨누어진 곳에는 조금 전 지아를 쏘려던 사내가 쓰러져 있었다. 총에 맞았는지 그의 어깨에서는 피가 흘러내렸다. 다른 탈영병들 역시 무기를 버린 채 두 손을 번쩍 치켜들고 있었다.

갑자기 밀려온 안도감에 지아는 땅바닥에 털썩 주저앉았다.

"어이, 아가씨! 괜찮아?"

청년이 걱정스러운 듯 물었다. 지아는 간신히 고개를 끄덕였다.

청년이 다시 웃으며 손을 내밀었다.

하지만 지아는 그의 손을 잡기도 전에 누군가의 고함 소리를 들었다.

"지아야!"

고개를 돌려 보니 멀리서 헐레벌떡 달려오는 사람은 분명 한별이었다. 그의 한참 뒤에 느린 속도로 다가오는 마차도 보였다. 그리고 그 마차에 앉은 크리스티나도.

"지아야!"

다시 한 번 한별이 소리쳤다. 하지만 지아는 그 외침을 외면하며 청년이 내민 손을 잡았다.

전쟁의 그림자

"야! 너, 허억… 허억… 진짜… 헉헉….''

지아가 청년의 손을 잡고 일어남과 동시에 한별이 지아의 앞에 도착했다. 얼마나 다급히 달려왔는지 숨도 제대로 쉬지 못하겠다는 듯 헐떡였다. 그리고는 마침내 숨을 고르고 버럭 소리쳤다.

"이 바보야! 그렇게 가버리면 어떻게 해? 얼마나 걱정했다고."

때마침 크리스티나가 탄 마차도 도착했다. 세 사람이 다시 만난 것이다. 지아가 먼저 한별과 크리스티나를 힐끔 쳐다보며 말했다.

"네가 날 걱정해? 왜?"

"왜냐니? 그야 친구니까 당연하잖아."

한별이 황당하다는 듯 대꾸했다.

"이제 무사한 거 봤지? 그럼 서로 갈 길 가자."

지아의 말에 이번에는 크리스티나가 발끈했다.

"우리가 널 찾느라 얼마나 고생했는데."

"미안하지만 난 찾아 달라고 말한 적 없어."

한별도 이번엔 화를 참을 수 없었는지 소리쳤다.

"그래! 가! 이 바보 멍청이 고집불통아! 이제 절대로 안 잡는다!"

한별은 빽 소리를 지르고 돌아섰다. 하지만 그곳에는 갈색 머리의 청년이 버티고 서 있었다.

"미안하지만 좀 비켜 줄래요?"

한별이 인상을 쓰며 말했다. 하지만 청년은 생글생글 웃으며 고개를 저었다.

"싫은데?"

"장난칠 기분 아니거든요?"

발끈하는 한별의 외침에도 청년의 얼굴에 떠오른 웃음은 사라지지 않았다. 대신 그는 손가락으로 주변을 가리키며 말했다.

"나도 장난 아니야. 무슨 사연인 줄은 모르겠지만 이곳은 스웨덴과 핀란드의 국경 지대고, 너희들 꽤 수상한 거 알지? 그리고 난 수상하다 싶은 사람은 무조건 잡고 보거든."

한별은 그제야 일이 조금 이상하게 돌아간다고 느꼈다. 지아와 크리스티나의 얼굴도 조금씩 굳어졌다.

청년은 조금 전보다 더욱 환하게 웃으며 말했다.

"오호! 이제 상황 파악이 좀 되셨나? 그럼 셋 다 날 따라와야겠어."

웃고 있지만 명백한 협박이었다. 하지만 그 대상이 된 한별, 지아, 크리스티나는 웃을 수 없었다. 회색 군복을 입은 병사들의 총구가 일제히 그들을 위협하고 있었다. 세 사람의 양손이 동시에 번쩍 허공으로 치켜 올라갔다.

"좋아. 그대로 마차에 오르도록."

청년이 만족스럽다는 듯 웃었다. 여전히 얄미운 웃음이었다.

굴비라도 된 듯 굵은 줄에 꽁꽁 묶인 채 지아가 타고 온 마차 짐칸에 나란히 끌려 앉혀질 때까지 셋은 입을 꾹 다물었다. 하지만 마차가 출발하자 말다툼이 다시 시작되었다.

"지아 너 때문에 이 고생이잖아. 이제 어떻게 할 거야?"

"그러게 누가 따라오래?"

마차는 울퉁불퉁한 산길로 달리는지 더욱 요란하게 덜컹거렸고, 나란히 묶인 세 사람의 몸도 그에 따라 이리저리 흔들리며 서로 부딪혔다. 그 때마다 한별과 지아는 가운데 낀 크리스티나를 사이에 두고 서로를 향해 콧김을 내뿜었다. 결국 참다못한 크리스티나가 소리쳤다.

"둘 다 이제 그만 좀 해! 귀 따가워 죽겠어!"

갑작스러운 고함에 놀란 지아와 한별이 동시에 입을 꾹 다물었다. 하지만 침묵은 길지 않았다.

"이 모든 게 다 너 때문이야."

지아가 크리스티나에게 신경질을 냈다.

"나? 내가 왜? 내가 뭘?"

"넌 날 속였잖아. 엄밀히 말해 넌 나한테 사기를 친 거라고."

"사기? 내가 일부러 그랬어? 그리고 너도 잘한 거 없어. 노인의 마차를 말도 없이 강탈해 갔잖아. 너, 그거 강도질이야."

"강도? 너, 말 다했어?"

"얘들아, 그만 좀 해!"

어설프게 싸움을 말리려는 한별을 향해 지아와 크리스티나가 동시에 소리쳤다.

"시끄러! 넌 끼지 마!"

두 소녀의 갑작스러운 합창 소리는 예상한 것보다 훨씬 커서 놀란 병사들이 마차를 세우고 청년이 마차까지 뛰어올 정도였다.

청년은 한숨을 쉬며 셋을 지그시 노려보았다.

"너희들 말이야, 지금 어떤 처지인지 잊은 거야? 또 싸울래?"

셋은 언제 싸웠냐 싶게 나란히 고개를 흔들었다. 하지만 못 믿겠다는 듯 청년은 눈을 가늘게 뜨고 손가락을 까딱거렸다. 내리라는 신호였다. 어느새 목적지에 도착한 것이다.

"여긴…!"

마차에서 내리는 크리스티나의 입에서 신음소리가 새어 나왔다. 그곳은 주민들이 버리고 떠난 농가들을 이용해 만든 군대의 숙영지였다. 집들은 물론이고 그 사이사이 빼곡하게 들어선 막사들, 그리고 중간마다 이글이글 타오르고 있는 커다란 화톳불을 둘러싼 병사들은 족히 천 명은 되어 보였다. 하지만 정작 크리스티나를 놀라게 한 것은 진영 곳곳에 꽂힌 깃발이었다. 노란색과 검정색으로 나뉜 바탕 위에 머리가 두 개인 독수리가 새겨진 깃발은 바람이 불 때마다 이리저리 휘날리고 있었다.

크리스티나는 하얗게 질린 얼굴로 중얼거렸다.

"저건 합스부르크 왕가의 깃발이야."

"그게 왜?"

여전히 앙금이 남은 듯 버럭 소리친 지아도 뒤늦게 크리스티나의 말을 알아듣고는 헉, 소리를 냈다. 합스부르크라면 스웨덴이 전쟁을 벌이고 있는 상대, 즉 여기는 적진 한가운데라는 뜻이었다.

"최악이다."

지아의 설명을 들은 한별이 절망적으로 중얼거렸다.

"도대체 어디로 사라진 거야!"

카트리나의 분노에 찬 외침에 스톡홀름 왕궁 전체가 얼어붙은 듯 싸늘해졌다. 완전히 불에 탄 성을 이 잡듯 뒤져 봐도 시체 한 구 나오지 않았다. 게다가 물속으로 뛰어드는 것을 보았다는 병사의 말에 따라 근처 마을을 샅샅이 뒤져 보았어도 결과는 마찬가지. 왕후와 크리스, 파올라, 그리고 시종 둘의 종적은 끝내 나타나지 않았다. 말 그대로 연기처럼 사라진 것이다.

그녀의 분노는 그대로 옆에 앉은 카를에게로 옮겨갔다. 카를 역시 초조하고 심란한지 커다란 서재 안을 이리저리 서성였다.

그때, 서재의 문이 열리며 악셀 수상이 들어왔다. 그는 현재 공석인 왕관의 주인, 즉 황제를 대신해 스웨덴의 모든 것을 결정하는 섭정원의 의장이자 수상인 동시에 카를의 적극적인 후원자이기도 했다. 그가 들어서자 짜증뿐이던 카트리나의 눈에 한 줄기 희망의 빛이 비쳤다.

"악셀 수상, 뭔가 찾았나요?"

악셀 수상은 아무 말 없이 손에 들고 있던 것을 카트리나의 책상에 내려놓았다. 촌로에게 주었던 왕후의 반지였다. 카트리나는 그것을 알아보았다.

"이것은 왕후의 반지!"

"룰레오 성 인근의 어촌의 노인이 이걸로 노새를 사 갔다더군요."

악셀 수상은 노인의 어리석음에 잠시 비웃음의 표정으로 진저리를 친 뒤 말했다.

"하지만 그것뿐입니다. 병사들이 달려갔을 땐 이미 왕후도, 황자도 떠난 후였습니다."

"그럼 크리스 황자는 결국 놓친 거군요."

카트리나가 한숨을 쉬듯 말했다. 그 말을 끝으로 세 사람 사이에 침묵이 내려앉았다. 그들은 크리스와 왕후를 가두고, 또한 해치려 했으며, 놓쳐 버린 공범들이었다. 그리고 이제 그들의 모든 계획은 완전히 실패해 버렸다.

"이런 사실이 알려지면 많은 귀족들이 동요할 것입니다. 어찌되었든 그야말로 왕관을 이어받을 자격을 가진 단 하나뿐인 후계자니까요."

악셀 수상이 무거운 목소리로 말했다.

"자격이라고요? 그런 자격은 누가 주는 게 아니라 스스로 만드는 겁니다."

카를이 코웃음을 쳤다. 그런 그의 눈빛이 그 어느 때보다 빛났다.

"그까짓 황자라는 이름 따위는 필요 없어요. 그 어느 누구라도 인정할 수밖에 없는 전공을 세울 테니까."

"쉬운 일이 아닙니다, 카를 왕자. 무슨 좋은 계획이라도…?"

악셀 수상이 걱정 반, 의아함 반으로 묻자 카를이 씩 웃었다. 소년답지 않게 영활한 미소였다.

"합스부르크 황제의 목이라면 적당하겠지요. 마침 그의 소재를 파악한 참입니다."

그제야 카트리나의 얼굴에도 서서히 미소가 떠올랐다.

악셀 수상 역시 감탄의 눈으로 카를을 바라보았다. 자기 나이의 반도 안 되는 어린 소년이었지만 이미 유능한 전략가이자 군인이었다. 그리고 자기가 선택한 미래의 스웨덴 왕이기도 했다.

악셀 수상의 입가에 카트리나와 비슷한 미소가 번졌다.

"데리고 왔습니다, 폐하."

"폐하라니? 누가?!"

"아까 내 소개를 못했지? 내 이름은 페르디난트, 합스부르크 신성로마제국의 황제야."

진영의 가장 중앙에 위치한 농가 안으로 떠밀리듯 들어온 세 사람은 자신들을 데리고 온 병사의 말에 한 번, 그리고 자신들을 기다리고 있는 갈색 머리 청년의 말에 또 한 번 놀라야 했다. 세 사람의 눈앞이 동시에 새하얗게 변했다.

"내가 아까 최악이라고 했냐? 미안하다. 내 입이 방정이었다."

한별이 중얼거렸다.

셋이 입을 꾹 다물고 있자 페르디난트가 물었다.

"너희들은 누구지? 염탐꾼인가? 아니면 첩자?"

갑작스러운 질문에 세 사람은 당황해서 답을 찾지 못한 채 서로를 바라보았다. 간신히 정신을 차린 한별이 더듬더듬 말했다.

"저, 저희는 그냥 떠돌이 집시들인데요?"

"난 집시들이 전쟁을 피해 모두 터키나 아프리카로 떠난 줄 알았는데. 흠, 이거 점점 더 수상해지는군. 아직까지 여기 남아서 뭘 하는 거지?"

페르디난트의 눈은 의심으로 가늘어졌다. 한별은 뒤늦게 입을 꾹 닫았다. 혀라도 깨물고 싶은 심정이었다.

"바보!"

"멍청이!"

당황한 한별을 지아와 크리스티나가 사나운 눈으로 노려보았다.

"미안. 내가 그럴 줄 알았냐고."

한별의 절망적인 목소리를 끝으로 막사 안에는 다시 침묵이 감돌았다.

"그런데 너희 셋, 도대체 왜 그렇게 싸워대는 거냐? 그것도 이런 심각한 상황에서."

페르디난트가 문득 말했다. 정말 궁금했던지 턱까지 척, 괴고 바라보는 눈에는 호기심이 가득했다.

"그, 그게…."

셋은 서로를 힐끗 쳐다보았다. 하지만 그것도 잠시 흥, 하는 콧방귀와 함께 지아가 먼저 고개를 돌리자 한별과 크리스티나도 반대편으로 고개를 돌렸다.

페르디난트가 키득거렸다.
"큭큭… 척 보니 친구들인데 뭔가 단단히 틀어졌군. 맞지?"
"네."
"비슷해요."
"친구 아니거든요."
크리스티나와 한별, 그리고 지아가 거의 동시에 대답했다.
참다못한 한별이 목소리를 높였다.
"한지아! 아직도 고집 부릴래? 우리가 누구 때문에 이렇게 잡혔는데?"
"그러게 누가 따라 오랬냐고?"
"이 고집쟁이! 좋아! 우린 우리끼리 갈 테니까 넌 네 멋대로 해 봐."
"어이, 어이! 누구 마음대로 간다, 만다야? 난 전혀 풀어줄 생각이 없거든?"
한별의 말에 페르디난트가 끼어들었다. 하지만 지아는 그를 깨끗이 무시했다.
"우리? 아! 크리스하고 너? 이제 새 단짝이 생겼으니 나 같은 건 필요 없다 이거구나?"
"이봐, 그러니까 너희들 전부 처형감이라니까. 듣고는 있냐?"
페르디난트를 무시하기는 한별도 마찬가지였다.
"그래, 말 잘했다. 너같이 미운 짓만 골라하는 애를 누가 좋아하겠냐? 매사 이렇게 삐딱하게 나오니까 회장님도 널 싫어하시는 거야. 나도 이제 질렸어."
하지만 한별은 소리를 지른 직후 입을 닫았다. 자신이 너무 심했나 싶어서였다.
크리스티나도 살짝 굳어진 얼굴로 지아의 얼굴을 살피며 말했다.
"지아야. 우리는, 아니 내 말은, 그러니까 네가 진짜 필요 없다는 게 아니라…."
"괜찮아. 어차피 나도 누구의 애정 같은 거 기대한 적 없어."
지아의 목소리가 베일 듯 날카로웠다. 그리고 그만큼이나 매서운 눈빛으로 크리스티나를 돌아보았다.
"축하해. 충직한 하인을 얻었구나, 크리스 황자."
지아의 말에 세 사람을 흥미롭게 지켜보던 페르디난트가 갑자기 벌떡 일어섰다.
"크리스 황자? 설마 스웨덴의?"
페르디난트의 외침에 지아도 그제야 자신이 말실수를 했다는 것을 알아챘다. 다급히 입을 막았지만 이미 늦은 뒤였다. 페르디난트의 눈은 어느새 적개심과 분노로 불타올랐다.
"감히! 스웨덴의 황자가 이곳까지 숨어들다니!"
그의 성난 고함 소리가 농가 안의 공기를 뒤흔들었다. 언제 뽑아 들었는지 그의 손에는 어느새 번뜩이는 칼이 들려 있었다. 그 칼끝은 크리스티나의 심장을 향해 겨누어져 있었다.
"자, 잠깐만요!"
한별이 크리스티나의 앞을 막아서며 다급히 외쳤다.
"숨어들려는 거 아니었어요. 우린 그저 지나는 길이었다고요."
"비켜!"

"절대 못 비켜요!"

코앞까지 날아든 칼날에 식은땀을 흘리면서도 한별은 고개를 저었다.

지아의 얼굴은 경솔하게 크리스티나의 정체를 떠벌린 자신에 대한 실망감과 크리스티나를 위해 서슴없이 몸을 던지는 한별을 보며 느낀 배신감, 그리고 죽음에 대한 공포로 잔뜩 일그러졌다.

거기에 또 하나, 이곳에서 설사 살아남는다 하더라도 한별과 크리스티나가 자신을 절대 용서하지 않을 것이라는 두려움이 일고 있었다. 또다시 외톨이가 될 지도 모른다는 생각에 지아는 손으로 얼굴을 가린 채 풀썩 주저앉았다.

"도대체 내가 무슨 짓을 한 거지…."

퍼엉!

귀청을 찢을 듯한 포성이 들린 것은 바로 그 순간이었다.

포성이 들린 순간, 농가 전체가 지진이라도 난 듯 흔들렸다. 한별과 크리스티나, 주저앉아 있던 지아, 그리고 페르디난트는 거의 동시에 균형을 잃고 바닥에 내동댕이쳐지듯 넘어졌다.

바닥에 주저앉아 있던 덕분에 남들보다 충격이 덜했던 지아는 곧 정신을 차렸다. 밖에서는 연이어 포성과 비명소리가 들려왔다.

"기습이다!"

"스웨덴군이다! 막아!"

"우리도 대포를 쏴! 대포를!"

요란한 함성에 다른 사람들도 비틀거리며 일어섰다.

정신을 차린 페르디난트의 귀에도 병사들의 목소리가 들렸다. 그는 스웨덴이라는 단어를 듣자마자 사나운 표정으로 아직까지 비틀거리는 크리스티나를 향해 덤벼들었다.

"함정을 팠군! 병사들을 끌고 왔구나!"

그때 정신을 차린 한별이 페르디난트의 허리를 붙들고 늘어졌다.

"오해에요. 우리도 도망 중인데 어떻게 병사들을 끌고 오겠어요?"

"거짓말! 계속 방해하면 너부터 죽여 주겠다."

뒤엉킨 두 사람은 또다시 바닥을 굴렀다. 두 번째 포탄은 바로 그 순간 날아들었다.

"퍼어엉!

조금 전과는 비교도 할 수 없는 굉음이었다. 농가의 한쪽 벽이 요란한 소음을 내며 무너져 내렸다. 포탄에 직격당한 것이다. 뿌연 흙먼지가 하늘까지 치솟았다.

"꺄악!"

지아가 농가 한쪽 구석으로 날아가 처박혔다. 등에서부터 전해지는 엄청난 고통에 숨이 턱 막혀왔다. 신음이 저절로 흘러나왔다.

신음하는 지아의 곁으로 크리스티나가 날아왔다. 그리고는 그대로 바닥에 쓰러졌다. 죽은 듯 쓰러진 그녀의 이마에서는 피가 흐르고 있었다.

덜컥 두려움이 엄습한 지아가 크리스티나를 꽉 껴안았다.

"크리스티나! 정신 차려!"

소리치는 자신의 목소리가 어딘가 멀리서 들려오는 메아리처럼 이질적이었다. 폭발 때문에 귀가 멍멍한 까닭이었다.

"지아야! 크리스티나! 어디 있어?"

멍멍하게 울리는 귓가로 한별의 목소리가 들렸다. 반가움에 눈물이 왈칵 쏟아졌다. 지아는 목이 터져라 한별을 불렀다.

"여기야! 이쪽이라고!"

몇 번을 반복해 부르자 매캐한 연기를 헤치고 한별이 비틀거리며 다가왔다. 코앞을 볼 수 없을 정도로 주변을 가득 메운 연기였다. 지아보다 훨씬 포탄이 떨어진 곳 가까이에 있었는지 그의 어깨며 옆구리는 온통 상처투성이였다.

지아가 흡, 하고 숨을 들이켰다.

"한별이 너, 상처가…! 많이 다쳤어?"

"별 거 아니야. 좀 긁힌 정도야."

한별은 고통스러운지 얼굴을 한 번 찡그린 뒤, 지아가 껴안고 있는 크리스티나의 상처를 살폈다. 이마의 상처는 크지 않았다. 호흡도 고르게 이어지고 있었다. 한별은 안도하며 말했다.

"괜찮아 보여. 그냥 기절한 것 같아."

그제야 지아도 한숨을 내쉬었다.

"다행이다. 그런데 페르디난트 황제는?"

"저쪽에 뻗어 있어. 무너지는 벽에 제대로 깔렸지. 한동안은 못 일어날 거야."

한별은 자신의 등 뒤를 슬쩍 가리키고는 크리스티나의 한쪽 팔을 어깨에 둘렀다. 지아도 서둘러 반대쪽 팔을 부축했다. 한별은 잠시 멈칫했지만 지아의 도움을 거부하지는 않았다. 그렇게 크리스티나를 부축

한 둘은 문이 아니라 포격으로 폭삭 무너진 벽을 통해 밖으로 나왔다.

밖은 그야말로 아수라장이 펼쳐지고 있었다. 쉴 새 없이 날아드는 포탄에 눈에 보이는 모든 것이 파괴되고 있었고, 총알은 비 오듯 쏟아졌다. 부상병들의 비명 소리는 소름이 돋을 정도로 처절했다. 화약통에 불이 붙었는지 여기저기에서 불길까지 치솟고 있었다.

다행히 마차는 포격의 사정거리에서 벗어나 있었다. 한별과 지아는 그 혼란스러운 틈을 타 한껏 몸을 낮추어 마차까지 달렸다.

"헉헉…."

마침내 마차에 도착한 지아는 한별과 함께 크리스티나를 짐칸에 눕혔다. 짧은 거리였지만 목숨을 내놓고 달려온 터라 두 사람 모두 숨이 턱까지 찼다.

막 숨을 고르던 둘의 눈이 한 순간 커다랗게 떠졌다. 그들이 빠져나온 농가에 불이 옮겨 붙은 것이다.

"페르디난트!"

"구해야 해!"

둘은 싸웠던 순간도 잊은 채 서로를 바라보며 외쳤다. 신성로마제국의 병사들은 자신들의 황제가 농가 안에 쓰러져 있다는 사실조차 모르고 있었다.

한별이 머리를 쥐어뜯었다.

"으악! 미치겠네. 그 녀석까지 구해야 하는 거냐? 넌 여기서 기다려." 한별이 괴성을 지르며 뿌연 포연 속으로 달려갔다. 그리고 한참

만에 축 늘어진 페르디난트를 질질 끌며 나타났다.

한별이 돌아왔을 때, 지아는 이미 마부석에 앉아 있었다. 한별이 페르디난트와 한 덩어리가 되어 짐칸으로 굴러 들어옴과 동시에 말의 등을 고삐로 철썩 때렸다.

"이랴!"

"크리스?!"

카를의 눈이 가늘어졌다. 그는 마차 한 대가 전장을 이탈하는 것을 보았다. 그리고 정신을 잃은 듯 마차 짐칸에 던져지던 페르디난트의 얼굴도 확인했다. 하지만 뒤쫓진 못했다. 남겨진 신성로마제국 병사들의 저항이 워낙 격렬했기 때문이었다.

하지만 정작 지금 카를의 머릿속을 온통 차지한 것은 페르디난트가 아니라 그의 뒤로 얼핏 보인 누군가의 얼굴이었다. 자신과 닮은 듯 하지만 마치 여자처럼 선이 가는 그 얼굴은 분명 그토록 찾아 헤매던 크리스였다. 멀리서, 그것도 뿌연 흙먼지를 사이에 두고 스치듯 본 것이 다였지만 그는 확신할 수 있었다.

"설마 여기서 다시 만나게 될 줄이야."

다음 순간 분노가 치솟았다. 그토록 사로잡기를 원하던 두 사람을 바로 코앞에서 놓쳤기 때문이었다.

"으아아악!"

그의 분노가 여름밤을 뒤흔들었다.

영원한 맞수, 페르디난트와의 동행

　지아와 한별은 일부러 좁은 농로로 마차를 몰았다. 속도를 늦추지 않기 위해 낮은 물론이고 밤에도 서로 교대로 잤다. 하지(夏至)를 앞둔 여름밤이라 모기가 극성을 부렸지만, 지아도 한별도 묵묵히 말을 몰았다. 언제 추격자들이 따라붙을지 모르기 때문이었다.
　하지만 마차는 결국 멈췄다. 말이 지친 것이다. 어느 한적한 농촌의 들판 가운데 난 좁은 농로 위에서 말이 꼬꾸라지듯 주저앉자 한별도 지아도 며칠 만에 땅에 내려서 굳은 다리를 폈다.
　도망친 지 며칠이 지난 후라 크리스티나도 벌써 깨어나 있었다. 마차가 멈추자 크리스티나도 마차 짐칸의 천을 들추고 밖으로 나왔다. 일 년 중 가장 덥다는 6월 중순에 사방이 천으로 막힌 짐칸에 갇혀 지내려니 푹푹 찌는 더위 때문에 갑갑해서 참을 수가 없었던 것이다.

정오 무렵이라 태양은 무지막지한 기세로 후끈한 열기를 내뿜었다.
크리스티나와 한별의 사이에 선 지아는 숨이 턱 막혀왔다. 더위 때문만은 아니었다. 자신 때문에 크리스티나가 죽을 뻔했다는 죄책감에 고개를 들 수가 없었던 것이다.
"페르디난트를 보고 올게."
지아는 작게 중얼거리며 돌아섰다.

"어떻게 된 거지?"
막 지아가 짐칸을 덮고 있는 천을 들추었을 때, 그는 깨어나 있었다.
"일어났군요?"
"기습은? 물리친 건가, 아니면 후퇴하는 중인가?"
지아의 말에 그가 다시 물었다.
지아는 대답하지 못하고 입술을 깨물었다. 도망치는 도중 그의 군대가 전멸했다는 소식을 들었기 때문이었다. 더불어 그의 군대를 기습한 것이 스웨덴의 카를 왕자였다는 것도. 뭔가 심상치 않은 느낌이 든 듯 페르디난트가 지아를 노려보았다.
"말해. 어떻게 된 거지?"
지아는 망설였지만 차마 거짓말을 할 수 없었다.
"포격이 있었던 것은 기억나죠?"
페르디난트가 고개를 끄덕였다. 불안하던 그의 얼굴은 지아의 설명이 길어지면 길어질수록 시시각각 바뀌었다. 불신과 경악, 좌절감, 그리고 마침내 지아가 말을 마쳤을 때는 분노가 그를 사로잡았다.

"전멸이라고? 안 돼!"

그의 절규는 마차를 뚫고 밖으로 퍼졌다.

한별과 크리스티나가 곧장 마차 안으로 뛰어들어 왔다. 그리고는 페르디난트가 깨어난 것을 보고 이내 상황을 짐작한 듯 쓴 한숨을 내쉬었다.

한참동안이나 온몸을 들썩이며 울부짖던 페르디난트가 문득 고개를 들었다. 슬픔과 분노로 붉게 충혈된 그의 사나운 눈길이 머문 곳은 크리스티나였다. 그는 괴성을 지르며 덤벼들었다.

"너 때문이야! 너…! 죽여 버리겠다!"

그의 커다란 양손이 크리스티나의 목을 움켜쥐었다. 심각한 부상을 입은 사람이라고는 믿을 수 없을 정도의 힘이었다.

순식간에 일어난 일에 지아와 한별은 멍하니 그를 바라본 채 잠시 동안 몸이 뻣뻣하게 굳어졌다. 하지만 크리스티나의 호흡이 끊어질 듯 거칠어지자 둘은 동시에 페르디난트의 양쪽 팔을 잡아당겼다.

"놔! 놓으라고!"

"그만 둬요!"

분노로 이성을 잃은 페르디난트의 힘은 한별과 지아가 깜짝 놀랄 정도로 셌다. 하지만 폭발 때 입은 부상으로 온몸이 엉망인, 게다가 며칠 동안 물 한 모금 마시지 못한 그가 두 사람의 힘을 당해낼 수는 없었다. 그는 결국 지아와 한별의 힘에 밀려 마차 밖으로 나가떨어지고 말았다.

마차는 높지 않았고, 밖은 무성한 잡초가 융단처럼 깔려 있었다.

바닥에 떨어진 페르디난트가 문득 키득거렸다.

"큭큭… 그렇군. 이제는 내가 포로 신세로군. 상황이 역전된 셈인가?"

간신히 페르디난트의 손아귀에서 벗어난 크리스티나가 마른기침을 토해 내며 마차에서 내려서다가 그를 바라보았다. 그 뒤를 따라 땅에 내려서는 한별과 지아도 의아한 얼굴이었다. 페르디난트가 다시 말했다.

"너희들은 셋이고 난 혼자야. 게다가 난 다 죽어 가잖아. 아예 나를 스톡홀름으로 데려가는 것도 괜찮겠군."

한별은 전혀 상상도 못해봤다는 듯 눈을 깜빡였고, 지아는 어깨를 움찔했다. 지아는 여기까지 오는 내내 그 생각을 했던 것이다.

하지만 잠깐 고개를 갸웃거리던 크리스티나는 이내 피식 웃었다.

"이런 상황에서 용케도 그런 생각을 했네요. 하지만 당신이 틀렸어요."

"틀리다니?"

"지금 스웨덴의 귀족들과 수상이 다음 황제로 점찍은 사람은 내가 아닌 카를이에요. 더구나 카를은 날 죽이려 들기까지 했어요. 그러니 스톡홀름으로 간다면 당신보다 내가 먼저 죽을 거예요."

말하는 동안 자신의 처지가 새삼 떠올랐는지 크리스티나의 어깨가 축 처졌다.

페르디난트는 크리스티나의 말을 조용히 듣고 있었다. 하지만 복잡한 머릿속을 대변하듯 표정은 수시로 바뀌었다. 그리고는 결국 깊은 한숨을 내쉬었다.

"카를이 미친 녀석이라는 건 알고 있었지만 구스타프의 후계자까지 죽이려 할 줄은 몰랐군."

"카를뿐이 아니에요. 악셀 수상도 그에 동조하고 있지요."

"수상까지? 그럼 넌 황자가 아니라 도망자 신세로군."

그 말을 끝으로 네 사람은 다시 침묵했다.

지아는 조금 전보다 더 거북했다. 페르디난트도 깨어났으니 이제 도망칠 곳도 없었다. 둘 곳 없는 시선이 자연히 들판 쪽으로 돌아갔다.

지아가 고개를 돌리자 다른 사람들도 역시 들판을 바라보았다. 침묵이 불편하기는 그들도 마찬가지였다.

짙푸른 밀 이삭으로 가득해야 할 농토는 오랫동안 버려졌는지 새까맣게 썩어 있었고, 드문드문 서 있는 농가 또한 여기저기 부서지고 무너져 마치 폐가처럼 보였다.

그 땅 위에 발을 디디고 선 사람들도 마찬가지였다. 여인과 노인들은 굽은 허리로 익지도 않은 나락을 베어내었고, 아이들 역시 고된 노동에 시달리고 있었다. 반짝여야 할 그들의 눈동자는 마치 죽은 사람의 그것처럼 탁하고 건조했다.

크리스티나는 이 모든 것이 마치 자신의 잘못이라도 되는 듯 안타까웠다. 둘 곳 모르는 시선이 절로 바닥으로 향했다. 그때 페르디난트의 날 선 목소리가 들렸다.

"외면하지 마. 총을 쏘고 대포를 펑펑 쏘아 대는 것만이 전쟁이 아니야. 오히려 이쪽이 진짜 전쟁이지."

페르디난트의 말은 뾰족한 꼬챙이가 되어 크리스티나의 가슴을 후벼 팠다.

참다못해 한별이 발끈했다.

"그 말의 의미는 뭐죠? 이게 다 크리스 탓이라는 겁니까?"

"아니라고는 못하지. 십 년 전, 다 끝나가는 전쟁이라는 불구덩이에 다시 기름을 들이부은 사람이 바로 구스타프 전 황제니까. 그리고 지금은 카를이 그 짓을 하고 있지."

"그러니까 그게 왜 크리스 책임이에요?"

"황자니까."

한별의 감정이 점점 격해지는 것과는 반대로 페르디난트의 비웃음은 점점 더 차가워졌다. 그리고 그 가운데 낀 크리스티나는 점점 더 비참한 기분이 되었다.

페르디난트의 말은 자신이 제대로 된 황자라면 카를 같은 녀석이 날뛰지 않았을 것 아니냐는 질책으로 들렸고, 사실이 그랬다. 거기에 또 하나 지금까지 스웨덴의 영웅이자 신화적인 황제로 알고 있던 아버지가 전쟁을 확장시켰다는 말은 또 다른 충격으로 다가왔다. 크리스티나의 어깨가 조금 전 보다 더욱 처졌다.

무거운 분위기는 한참 동안 이어졌다. 숨쉬기도 껄끄러운 분위기를 참다못해 한별이 뭐라고 입을 열려는 순간이었다.

"으으… 도저히 못 참겠어! 모두 시끄러워!"

지아의 히스테릭한 비명이 들판에 쩌렁쩌렁 울려 퍼졌다.

난데없이 터진 비명에 세 사람은 할 말을 잊고 지아를 돌아보았다. 단단히 화가 났는지 지아의 두 눈이 이글이글 타오르고 있었다. 조금 전 어깨를 움츠리고 있던 것과는 너무도 다른 그녀의 모습에, 세 사람은 저도 모르게 한 발짝 뒤로 물러섰다.

지아는 그런 세 사람을 차례로 노려보며 짜증스럽게 말했다.

"강한별, 너 지금 우리가 쫓기고 있다는 거 잊었어? 왜 자꾸 소리를 빽빽 질러? 잡히면 네가 책임질 거야?"

지아의 사나운 눈빛에 한별은 고개를 휘휘 저었다.

"그리고 당신, 왜 남한테 전쟁의 책임을 덮어 씌워요?"

다음은 페르디난트였다. 꼼짝도 못하던 한별과는 달리 페르디난트는 반박했다.

"그는 스웨덴의 황자 아니냐? 당연히 그에게 따져야지."

"흥! 그가 황자이건 아니건 지금 전쟁의 당사자는 바로 카를과 당신이라고요."

지아가 단칼에 페르디난트의 말을 잘랐다.

"저 사람들이 안타까워요? 그럼 백기를 들어요. 그럼 모든 게 끝나잖아요."

페르디난트가 불쾌한 듯 인상을 썼다. 하지만 지아의 신랄한 말은 아직 끝나지 않았다.

"하지만 당신은 그렇게 하지도 못하죠. 당신을 황제로 뽑은 사람들이 원하지 않을 테니까. 그런 당신이 누굴 탓하는 거죠?"

페르디난트가 반박하려는 듯 입을 열었다. 하지만 그보다 지아가 빨랐다.

"가장 한심한 사람은 크리스 너야."

"뭐, 뭐라고?"

"가만히 서서 상처받은 얼굴을 하고 있으면 사람들이 널 이해해 줄 것 같아?"

그렇지 않아도 비참한 기분이었던 크리스티나는 이제 울 것 같은 표정이 되었다. 하지만 지아의 말은 계속되었다.

"솔직히 한별이와 널 질투했어. 한별이가 등을 돌리면 혼자가 될까 봐 겁도 났고. 그래서 나도 모르게 널 위험에 빠뜨리고 말았지. 그 죄책감 때문에 지금까지 잠자코 있었어."

지아가 이렇게까지 솔직하게 속마음을 털어놓을 줄은 상상도 못했기에 한별은 입을 쩍 벌렸다. 지아 스스로도 자신에게 놀라고 있는 중이었다. 하지만 말을 멈추지는 않았다.

"하지만 너 스스로 비참함에 푹 빠져서 비극의 주인공인 척 하는 건 더는 못 봐주겠어. 마치… 마치 예전의 날 보는 것 같아 더 싫어."

붉어진 지아의 얼굴이 어두워졌다. 부모님을 잃은 직후 의기소침해 있던 자신의 모습이 떠올라서였다.

잠시 후 고개를 흔들어 사념을 털어 버린 지아가 다시 말했다.

"눈앞에 보이는 것들을 바꾸려면 네 힘으로, 네 손으로 해야만 해. 네가 하지 않으면 아무것도 바뀌지 않아."

"하지만 난 아무것도 없어. 내 병사들에게도 쫓기는 처지야."

크리스티나가 대답했다. 말하고 나니 스스로가 듣기에도 조금은 구차한 변명처럼 들렸다.

"그래서 아무것도 안 하고 이대로 도망만 다니겠다고?"

"누가 그렇대? 난 그저 뭐부터 해야 할지 모르겠다는 거야."

"너, 혹시 이대로 시간이 흘러 세상 사람들이 널 완전히 잊어버리기를 바라는 거야?"

"천만에! 난 황자야. 부모님의 강요에 의해 여태껏 그 길을 걸어왔어. 사실 난 그다지 왕관을 열망하고 있지 않아. 하지만 이렇게 망가져 있는 영토를, 조국을, 백성을 모른 척 외면하고 싶지는 않다고!"

지아의 질책하는 듯한 말에 크리스티나는 정말 화가 난 듯 소리쳤다. 반대로 지아의 얼굴은 그제야 조금씩 풀어졌다.

"이제야 조금 황자다운 말을 하는군. 지금 그 마음, 잊지 마."

"응?"

"네 처지는 누구보다 잘 알아. 하지만 절망만 하기엔 우린 너무 젊잖아. 처음부터 위대한 업적을 쌓을 필요는 없어."

지아는 손가락을 들어 주변을 가리켰다.

"이곳은 전쟁과는 별 상관 없는 곳이야. 봐. 그 어디에도 포연이 오르지 않고, 총성도 없어. 하지만 여기 사람들은 그런 사실이 무색할 정도로 비참해 보이지."

지아는 이번에는 다른 곳을 가리키며 말했다.

"그렇다는 건 이곳 영주에게 좀 문제가 있다는 거지."

크리스티나와 한별, 페르디난트까지 세 사람은 지아가 가리키는 방향으로 고개를 돌렸다. 그곳에는 낮은 언덕과 그 위에 서 있는 작은 석조건물이 보였다. 이런 시골에서 통상 저런 건물은 영주가 거처하는 성이었다.

"이렇게 작은 영지라면 당연히 군대 같은 게 있을 리가 없지."

"그래서?"

"이 현실을 조금이라도 바꾸고 싶다면서? 크리스 황자가 공식적으로 모습을 드러내기에 이보다 더 적합한 곳도 없다 이거지."

지아의 말에 잠시 정적이 흘렀다.

한별이 조심스럽게 말했다.

"지아야, 그렇게 되면 미친 송아지 같은 카를이 당장에 달려올 텐데?"

페르디난트도 고개를 저었다.

"내 생각도 그래. 너무 위험해."

하지만 지아의 시선은 크리스티나에게 고정되어 있었다.

"결정하는 건 너야. 이대로 도망쳐도 난 상관없어."

한참만에 크리스티나가 입을 열었다.

"겁은 나지만 지금 두렵다고 도망친다면 난 영원히 도망만 다녀야 하겠지?"

"아마도."

지아가 살짝 고개를 끄덕였다.

크리스티나가 숨을 깊게 들이쉬었다. 그리고는 조금 전보다 훨씬 큰 목소리로 말했다.

"좋아. 해 보자. 스웨덴의 황자로서 언젠가 해야만 하는 일이라면 더 이상 미룰 필요가 없지."

"뭐? 지아도 그렇고 너도 그렇고 왜 이렇게 과격해진 거야?"

한별이 머리를 쥐어뜯었다. 그리고는 문득 지아를 돌아보았다.

"그런데 지아야, 이제 할 말 다 한 거지?"

지아의 눈초리가 샐쭉해졌다.

"왜? 듣기 싫었니?"

"아니, 그런 건 아닌데 네 목소리가 좀 커서. 다들 너만 보잖아."

한별의 말처럼 들판에 있던 사람들의 시선은 진작부터 네 사람에게 쏠려 있었다. 하지만 지아는 그런 시선쯤은 신경도 쓰지 않는다는 듯 지그시 한별을 노려볼 뿐이었다.

"그래서 지금 나한테 잔소리 하는 거니? 참, 그러고 보니 너 이제까지 날 구박했었지? 감히 나 한지아 님을 말이야."

"내, 내가 어떻게 널…. 아니야. 절대 아니야."

지아의 서슬 퍼런 눈초리에 한별은 슬그머니 고개를 외면하며 말끝을 흐렸다. 그 모습이 영락없이 꼬리를 마는 강아지 같아 크리스티나와 페르디난트는 동시에 웃음을 터뜨렸다.

"푸하하!"

작게 시작된 웃음이었지만 두 사람은 배를 움켜쥐고 미친 듯 웃어댔다. 두 사람을 이상한 눈으로 바라보던 지아와 한별의 입에서도 피식피식 웃음이 새어 나왔다.

피를 말리는 긴 추격전 끝에 터진 넷의 웃음은 좀처럼 그칠 줄 몰랐다.

지아의 말대로 이곳 영주는 남작이었다. 말이 귀족이지 평민에 더 가까운 계급이었다. 그는 황자가 찾아왔다는 문지기의 말에 맨발로 성문 밖까지 달려 나왔다. 그리고 크리스티나가 신분을 증명하기 위해 내민 인장 반지를 보고는 그 자리에서 넙죽 엎드렸다. 옷차림 같은 것을 따질 정신도 없었다. 변방 중의 변방에 속하는 자신의 영지에 친히 황자가 왕림했다는 사실에 그의 눈에서는 감격에 겨운 눈물이 흘렀다. 어쩌면 중앙으로 진출할 수도 있는 일생일대의 기회였던 것이다.

하지만 크리스티나의 냉철한 말 한마디는 그를 절망의 나락으로 떨어뜨려 버렸다.

"예? 영지를 관리하는 장부를 보시겠다고요?"

영주의 얼굴 위로 식은땀이 비 오듯 흘렀다. 하지만 그는 결국 크리스티나에게 장부를 내줄 수밖에 없었다.

"이런 시골 마을에서 많이도 쥐어짰군."

영주가 부들부들 떨리는 손으로 건넨 장부를 슬쩍 훑어보며 지아가 말했다. 영주가 자신의 치부를 숨기기 위해 제법 머리를 써서 만든 장부였지만 지아가 보기에는 유치한 수준이었다.

순식간에 장부를 처음부터 끝까지 훑어본 지아는 마지막 장을 덮는 것과 동시에 그동안 영주가 주민들에게 쥐어짠 돈의 액수와 부당하게 빼앗은 토지의 규모, 그리고 살인적인 세금을 강요하면서 농노로 만든 사람들의 수를 정확히 말해 주었다.

페르디난트와 크리스티나, 그리고 한별은 지아가 장부를 분석하는 빠른 속도와 정확함에 혀를 내둘렀다. 한별의 눈에는 거의 존경심이 깃들어 있었다.

가장 놀란 것은 한쪽 구석에 죄인처럼 서 있던 영주였다. 지아를 보는 그의 얼굴은 귀신을 본 듯 혼비백산했다. 지아가 말한 금액과 자신의 침실 비밀금고에 들어있는 돈은 단 1크로나의 오차도 없었던 것이다.

사실 확인 따위는 할 필요가 없었다. 영주의 얼굴은 지아의 말이 사실임을 증명하고 있었다. 크리스티나는 즉시 병사들을 불러 영주의 침실에 있는 금고를 찾아냈다. 그리고 그 돈 모두를 영주민들에게 골고루 나누어 주도록 지시했다. 더불어 가혹한 세금 때문에 농노로 전락한 농민들 역시 자유의 몸으로 풀어 주었다.

크리스티나의 명령은 즉시 이행되었다. 금고는 몇 시간 만에 텅 비었고, 노예문서는 모두 불태워졌다. 한평생 모은 재산이 한순간 텅 비어 버리자 영주는 기절하고 말았다. 크리스티나는 기절한 영주를 감옥에 가두라고 명령했다. 다른 명령처럼 이것도 즉시 시행되었다.

이 소식은 빠르게 영지 전체로 퍼져 나갔다. 워낙에 좁은 영지라 가능한 일이었다.

억울하게 빼앗긴 농지와 돈을 되찾은 영주민들은 기쁨에 들떠 크리스티나의 이름을 연호했다. 또한 농노가 되어 다른 곳으로 팔려갔던 자식들을 다시 만난 영주민들 역시 뜨거운 눈물을 흘리며 크리스티나에게 감사를 돌렸다.

하지만 크리스티나는 그들의 목소리를 듣지 못했다. 일을 마무리하고 영주의 죄목을 조목조목 짚은 문서를 작성한 뒤 재빨리 성을 떠났기 때문이었다. 길을 서두른 이유는 뻔했다. 대담한 척 했지만 역시나 카를이 추격할까 봐 겁이 났기 때문이었다.

하지만 쫓기듯 떠나는 네 사람의 발걸음은 며칠 전보다 한결 가벼웠다.

그날 이후 크리스티나 일행은 스웨덴 전역을 유랑하듯 떠돌았다. 활동 무대는 주로 규모가 작은 시골 영지였다. 그리고 그들이 찾아든 거의 모든 곳에서 비슷한 일이 반복되었다.

일단 부정을 저지른 영주의 영지에 도착하면 크리스티나는 주저 없이 성으로 쳐들어갔다. 곧이어 영주의 비리가 파헤쳐지고, 빼앗겼던 재산과 가족을 돌려받은 주민들의 얼굴에는 웃음꽃이 피었다. 그리고 그들의 머릿속에는 크리스티나, 아니 황자 크리스의 이름이 깊게 각인되었다.

치열한 전쟁터 한복판에서 벌이는 세 사람, 아니 페르디난트까지 낀 네 사람의 행보는 입에서 입을 통해 빠르게 퍼져 나갔다. 사소한 노력이지만 어느 누구에게도 그런 것을 기대할 수 없는 시대의 희망 없는 대지에서 들려오는 단 하나의 즐거운 뉴스였기 때문이었다. 힘든 일상에 찌든 평민들은 낡고 초라한 잠자리에 누우면서 혹시나 그들이 자신들의 영주를 혼쭐내러 와 주길 기대하며, 비리를 일삼던 귀족들은 혹시나 그들이 찾아올까 전전긍긍하며 그들의 행보에 촉각을 곤두세웠다.

소문은 스웨덴 국경을 넘어 전 유럽으로 번졌다. 그 과정에서 그것은 사실보다 오히려 더욱 커지고 확대되기도 했다.

더구나 전혀 의도하지 않은 일도 벌어졌다. 부상 때문에 국경 지대까지 동행을 하기로 한 페르디난트의 얼굴을 누군가 알아본 것이었다. 그 때문에 전혀 엉뚱한 소문이 하나 더 추가되기도 했다.

'스웨덴의 크리스 황자가 신성로마제국의 황제를 사로잡았다!'

짧은 여름이 지나고 바람이 서늘해질 때쯤이 되자 소문은 이제 걷잡을 수 없을 정도로 커져 있었다. 누군가의 입에서 슬그머니 승리라는 말이 흘러나오기도 했다.

전 유럽을 휩쓴 소문은 돌고 돌아 스톡홀름 왕궁에도 전해졌다.

쾅!

책상을 내리치는 카를의 얼굴은 분노로 일그러졌다. 분노의 대상은 크리스티나였다.

원래 목표는 페르디난트였지만 크리스티나를 본 순간, 목표는 그로 바뀌었다. 게다가 원래의 목표였던 페르디난트까지 함께 있었기에 한 번의 사냥으로 두 마리의 토끼를 잡을 수도 있었다. 본격적인 추격전이 시작되었다.

병사도 없이 다니는 네 사람을 잡는 일이었다. 며칠, 아무리 길게 잡아야 일주일이면 끝날 일처럼 보였다. 하지만 크리스티나 일행은 그를 약 올리기로 작정이라도 한 듯 번번이 포위망을 빠져나갔다. 그것도 대놓고 신분을 드러낸 채로.

아무리 급히 길을 서둘러도 결과는 항상 마찬가지였다. 단 네 명뿐인 상대는 언제나 하루, 아니면 이틀의 근소한 차이로 유유히 포위망을 뚫고 사라졌다. 언젠가 딱 한 번, 아슬아슬하게 잡을 뻔했지만 영지민들의 방해 때문에 실패한 적도 있었다.

그렇게 길어진 추격전은 이제는 스웨덴 북부와 국경을 지나 핀란드, 그리고 북동부 독일의 점령지까지 이어졌다. 계절도 두 번이나 바뀌어 벌써 겨울의 초입이었다.

카를이 더욱 분노한 것은 원래부터 동행인 듯 보였던 페르디난트를 크리스티나가 사로잡았다는 소문까지 도는 것이다. 얼핏 소문만 들으면 마치 수십만의 병사를 거느린 자신이 실패한 일을 크리스티나가 맨

손으로 해낸 것처럼 들렸다.

자신을 보는 사람들의 얼굴에는 언제부터인가 비웃음이 섞여 있었다. 그럴수록 이를 악물었다. 단 한 번만 성공하면 지금까지 열망하던 모든 것을 가질 수 있었기 때문이었다. 하지만 시간이 지날수록 점점 더 우스워질 뿐이었다.

"얄미운 녀석!"

카를은 다시 한 번 인상을 찌푸렸다. 잘생긴 얼굴이 보기 흉하게 일그러졌다.

그때 카트리나와 악셀 수상이 들어왔다.

아들의 분노가 곧 그녀의 분노였던 까닭에 카트리나는 카를 이상으로 화가 난 상태였다.

악셀 수상의 얼굴은 조금 다른 이유로 어두웠다. 그는 수상인 동시에 귀족 대표로서의 입장이 있었다. 하지만 지금까지 카를을 지지하던 몇몇 귀족들 사이에서 카를에 대한 악평이 쏟아지고 있었다. 최근 몇 달 동안 군대의 총사령관인 카를의 관심이 온통 크리스티나에게 쏠려 있던 탓에 연일 전투에서 패하고 있었기 때문이었다.

전투에서 패하고 영지를 빼앗긴 귀족들의 불만은 하늘을 찔렀다. 게다가 그토록 심혈을 기울이는 추격전도 별 성과가 없다는 것은 이미 알려진 사실, 일부 귀족 중에는 적통황자인 크리스티나에게 관심을 표하는 자들까지 있었다. 이대로 가다가 귀족들이 갈라서기라도 한다면 내란으로 번질 수도 있었다.

더 이상의 의미 없는 추격전은 이쯤에서 끝내고 카를은 전선으로 돌아가야만 했다. 카를의 맞은편에 앉으며 악셀 수상은 자신의 염려를 조심스럽게 털어놓았다.

"크리스토, 페르디난트도 곧 카를의 손에 잡힐 거라고요."

카를보다 카트리나가 먼저 외쳤다.

"문제는 소문이 점점 더 부풀려지고 확대되고 있다는 것입니다. 세간에는 그가 전쟁을 승리로 이끌 거라는 소문이 나돌고 있습니다."

카를은 손을 저어 수상의 말을 잘랐다.

"그만. 수상님의 생각은 잘 알았어요. 그렇게 하지요."

"카를!"

다 포기한 듯한 아들의 말에 카트리나가 외쳤다. 하지만 카를의 눈빛은 여전히 강렬했다.

"어머니, 전 포기하는 게 아니에요. 수상의 말씀대로입니다. 이제는 그것을 만회할 방법을 찾아야지요."

악셀 수상이 물었다.

"어떻게?"

"총공격을 명령할 겁니다."

카를은 단호한 목소리로 말하며 벽에 걸린 대형 지도의 한 곳을 가리켰다. 잠시 지도 위의 지명을 더듬어 읽던 악셀 수상이 외쳤다.

"베스트팔렌! 무모합니다."

카를이 가리킨 곳은 독일 북서부 작센 주의 베스트팔렌이었다. 그곳은 스웨덴의 군선이 들어갈 수 있는 항구도시이기도 했지만 합스부르크 연맹국 중 가장 강하다는 스페인과 포르투갈의 군선이 도착하는 기착점이기도 했다. 그런 이유로 그곳은 양 진영 모두 포기할 수 없는 거점이자 가장 치열한 전선이기도 했다.

동시에 서로의 움직임을 짐짓 모른 척 하는 곳이기도 했다. 일단 전쟁이 터지면 너무나도 많은 희생을 각오해야만 했기 때문이었다. 악셀 수상의 걱정은 바로 그 부분이었다.

"적어도 동맹국 프랑스가 도착하려면 다음 달 초까지는 기다리는 것이…."

"아니, 적들이 예상할 수 없는 지금이 오히려 적기입니다. 이 전쟁에서 할 수 있는 최선의 선택은 다소의 희생을 감수하고서라도 하루빨리 전쟁을 끝내는 것입니다. 이 전투만 승리한다면 최후의 승리자는 우리가 될 거라는 사실이죠."

악셀 수상은 더 이상 반대하지 않았다. 이런 단호한 결단력이 그가 크리스티나를 대신해 카를을 선택한 이유였기에, 그는 고개를 끄덕였다.

카를의 눈이 새파랗게 빛났다.

"새해가 되기 전에 스웨덴은 반드시 승리할 것입니다. 그리고 나는 왕이 되겠지요."

핏빛 대지 베스트팔렌

눈이 펑펑 올 것 같은 날씨에 평소라면 벌써 떠났어야 할 네 사람은 어느 영주의 성에서 밤을 보내기로 결정했다. 독일과 국경을 맞댄, 함부르크의 바다가 보이는 작은 마을이었다.

항상 그렇지만 탐욕스러운 영주는 벌써 감옥에 들어가 있었다. 역설적이게도 이것은 영주에게 무척 다행한 일이었다. 감옥 안이야말로 성난 주민들로부터 그를 가장 안전하게 지켜주는 유일한 장소였던 것이다.

"벌써 12월이네. 시간 빠르다."

성이라고 해 봐야 작은 석조 건물이었다. 아담한 응접실 소파에 앉아 있던 한별이 힐끗 창밖을 보며 혼잣말을 했다. 그리고는 문득 맞은편에 나란히 앉은 지아와 크리스티나를 바라보았다.

그동안의 강행군에 지쳤는지 둘 다 피곤해 보였다. 지아는 큼직한 쿠

션에 몸을 기댄 채 꾸벅꾸벅 졸고 있었다. 꼭 강아지 같다고 생각하며 한별은 피식 웃었다.

페르디난트는 이 추위에도 꼭 목욕을 해야 한다며 주방 옆 헛간으로 간 뒤였다. 영주가 갇힌 후 시종들도 모두 떠나서 물을 덥혀 줄 사람이 없다며 말려 봤지만 막무가내였다.

'엥? 이 날씨에 냉수마찰을 할 체력이면 다 나았다는 거잖아? 왜 여태 붙어있는 거야?'

그렇지 않아도 페르디난트가 맘에 들지 않았던 한별은 작게 툴툴거리고는 문득 크리스티나에게 물었다.

"그런데 이렇게 늑장 부려도 괜찮아? 카를이 눈에 불을 켜고 쫓아오는데."

모처럼 책을 읽으며 느긋하게 여유를 부리던 크리스티나가 대답했.
"요즘은 추격이 뜸하잖아. 이런 기회에 푹 쉬어 둬야지."
"그렇게 느긋하게 있다가 잡힌다니까. 그 녀석, 무지 끈질겨 보이던데."
한별의 말에 크리스티나가 싱긋 웃었다.
"맞아. 옛날부터 포기를 모르던 애였어. 여섯 살 때까지 함께 자랐거든. 그 꼬맹이 시절부터 날 어떻게든 이기려고 갖은 애를 썼던 게 기억 나."
마치 즐거운 추억이라도 회상하듯 크리스티나의 눈동자가 아련히 빛났다.

"어째 칭찬하는 것처럼 들린다? 지금 그 녀석은 널 죽이려 한다고."
한별이 툴툴거렸다.
"알아. 하지만 인정할 건 인정해 줘야지. 게다가 내가 아닌 카를이 실질적으로 이 전쟁을 이끌고 있잖아. 그에 반해 난 아무것도 모르는 어린애인걸.”

“그건 아니지. 그 독사 같은 아줌마가 널 가두지만 않았으면 네가 카를보다 훨씬 더 잘 해냈을 거라고.”

축 처지려는 자신을 위로해 주는 한별의 말에 크리스티나는 웃었다. 하지만 미소는 오래가지 못했다.

“지아의 말대로 내 의지를 보이긴 했지만 이제 어떻게 해야 할지 모르겠어. 이대로 전 유럽을 떠돌 수도 없고….”

“그거야… 그렇지.”

한별이 난감한 표정을 짓자 크리스티나가 한숨에 섞어 탄식을 뱉어 냈다.

“전쟁이 끝났으면 좋겠어. 그렇게만 될 수 있다면 내가 가진 걸 다 내놓을 수도 있을 것 같아. 필요하다면 왕관까지도. 하지만 그건 불가능하겠지?”

안타까운 눈빛으로 고개를 숙이는 크리스티나의 어깨는 무거운 것에 짓눌린 듯 축 쳐졌다.

“으으… 시끄러워서 잠을 못 자겠네!”

그때, 잠든 줄만 알았던 지아가 벌떡 일어나며 툴툴댔다.

“미안. 벌써 잠든 줄 알았어.”

“졸려 죽겠으니까 딱 한 마디만 할게. 너 정말 몰라?”

“뭘?”

“전쟁을 끝내는 방법 말이야.”

“그, 그런 게 있어?”

"그런 게 있으면 진작 말을 해 줬어야지!"

지아의 말에 크리스티나와 한별이 동시에 외쳤다. 하지만 지아의 번뜩이는 눈동자와 마주치고는 그대로 입을 꾹 닫았다. 잠을 방해받은 그녀의 분노는 컸다.

"시끄러! 잠자코 듣기나 해, 이 멍청이들아!"

"… 네."

"우린 네 사람이지? 하지만 한별과 난 빼야 해. 우린 처음부터 이 시대의 사람이 아니니까. 그럼 너와 페르디난트가 남지? 스웨덴 바사 왕가의 황자와 합스부르크 왕가의 황제가 말이야. 이래도 몰라?"

굳이 답을 기대한 질문이 아니었던 듯 지아는 빠르게 말을 이었다.

"내 말의 요점은, 네가 종전을 바라듯 그도 전쟁이 끝나길 바라기만 한다면 이 코딱지만 한 성에서 종전 협약이 체결될 수도 있다는 거지. 어때, 간단하지? 어떻게 반 년 넘게 붙어 다니면서 그런 걸 모르냐?"

여기까지 말한 지아는 더 이상 말하기도 귀찮다는 듯 쿠션 위로 풀썩 엎어졌다. 더 이상의 방해는 용납하지 않겠다는 듯한 단호한 태도였다.

하지만 크리스티나는 기어이 그녀의 어깨를 흔들었다.

"난 귀족들의 지지도 얻지 못하는 이름뿐인 황자잖아. 페르디난트가 날 협상 대상으로 인정해 줄까? 응?"

"그것까지 내가 어떻게 알아? 가서 물어보면 되잖아!"

결국 지아는 쿠션 모퉁이를 깨물며 우는 소리를 냈다.

쫓겨나듯 밖으로 나온 크리스티나는 한걸음에 헛간으로 달려갔다. 헛간 안은 찬물로 씻은 페르디난트의 몸에서 뿜어져 나온 김으로 뿌옇게 흐려져 있었다. 크리스티나는 그 안을 눈으로 더듬으며 그를 불렀다.

"페르디난트! 할 말이… 헉!"

순간 열심히 할 말을 정리해 놓은 크리스티나의 머릿속이 하얗게 비워지며 얼굴이 시뻘겋게 변했다. 그리고는 자신도 모르게 홱 돌아서고 말았다.

"누구… 헉!"

막 목욕을 끝낸 페르디난트도 당황하기는 마찬가지였다. 간신히 바지만 입었을 뿐, 상체는 맨몸인 상태였기 때문이었다. 서둘러 윗옷을 찾는 그의 얼굴이 크리스티나와 마찬가지로 붉어졌다.

'같은 남자인데 왜 얼굴이 빨개지는 거야?'

이상하게 붉어진 얼굴을 놀라서일 거라며 애써 위로하는 그의 입에서 헛기침이 새어 나왔다.

"흠흠, 무슨 할 말이라도 있어?"

크리스티나는 페르디난트의 목소리에 조심스럽게 다시 뒤돌아섰다. 다행히 페르디난트는 옷을 입은 후였다. 하지만 단추를 하나도 채우지 않아 조금 전과 크게 달라지지는 않았다. 눈 둘 곳을 찾지 못하는 크리스티나의 목소리는 조금씩 떨리고 있었다. 얼굴빛은 여전히 잘 익은 사과 빛이었다.

"저, 저기 그러니까…."

'으윽! 기껏 생각한 말이 하나도 기억 안 나잖아. 미치겠네.'

크리스티나는 원망 섞인 눈초리로 페르디난트를 중간중간 째려보며 머리를 쥐어짰다.

어색하기는 페르디난트도 마찬가지였다. 붉어진 얼굴로 문득문득 새치름하게 노려보는 크리스티나와 눈이 마주칠 때마다 그의 심장 고동이 마치 천둥소리처럼 귓가를 때렸다. 그런 자신의 상태를 들킬까 조마조마한 페르디난트의 귀에 크리스티나의 목소리가 들려왔다.

"…전쟁은 더 이상 무의미하다는 거죠. 그리고 줄곧 함께 다니면서 느낀 건데 당신도 전쟁보다는 평화를 바라는 것 같았거든요. 맞나요?"

분위기가 심각한 내용으로 바뀌자 페르디난트의 얼굴이 진지하게 변했다.

"그래서?"

그의 목소리가 낮게 깔리자 크리스티나는 숨을 크게 들이쉬었다.

"스웨덴의 황자로서 정식으로 제안하는 바에요, 페르디난트 황제. 나와 종전 협상을 하지 않겠어요?"

페르디난트의 눈이 가늘어졌다.

"협상? 자국의 병사들에게도 쫓겨 다니는 너와?"

페르디난트의 지적에 크리스티나는 고개를 푹 숙였다. 하지만 다시 치켜든 얼굴은 조금 전보다 더욱 단호했다.

"당신 말대로 난 이름뿐인 황자에요. 하지만 내가 할 수 있는 일은 뭐든 다 시도해 보고 싶어요."

페르디난트가 깊이 가라앉은 눈으로 크리스티나를 바라보았다. 그의 갈색 눈동자와 크리스티나의 푸른 눈동자가 허공에서 맞부딪쳤다.

오랜 침묵 끝에 페르디난트의 입이 열렸다.

"좋아. 나도 전쟁이라면 질색이니까. 반대할 이유가 없지."

"정말이에요?"

크리스티나의 눈이 반짝였다. 그 눈빛이 마치 소녀 같다고 페르디난트는 잠깐 생각했다.

"단, 네가 당당히 황자로서 내 앞에 나선 뒤에. 허수아비와는 협상할 생각도, 할 필요도 없으니까."

크리스티나는 그의 말에 대답하지 못했다. 요란한 소리와 함께 지아와 한별이 동시에 뛰어들었기 때문이었다.

다급히 헛간 안으로 뛰어든 지아와 한별은 순간 얼어 버렸다. 페르디난트의 옷차림 때문이었다.

"어… 어이, 황제! 왜 옷을 입다 말아? 당신만 여름이야? 안 추워?"

중요한 말을 할 것처럼 뛰어든 한별이 도끼눈을 떴다. 지아가 그런 한별의 뒤통수를 힘껏 때렸다.

"바보! 지금 그게 중요한 게 아니잖아."

그러면서도 지아는 마치 치한을 보듯 페르디난트를 쏘아보았다. 페르디난트는 머쓱한 표정으로 재빨리 단추를 채우고 겉옷을 입었다.

지아에게 얻어맞고 나서야 애초 이곳까지 달려온 이유를 떠올린 듯 한별이 소리쳤다.

"스웨덴과 신성로마제국의 대군이 격돌했대! 그것도 수십만 대군이!"

크리스티나가 놀라 휘청거렸다. 페르디난트 역시 단추를 채우던 손을 멈추었다.

"사실이냐?"

"지금 병사들이 알려 주고 갔어. 이것 봐. 동원 가능한 전 병력을 지원하라는 명령서야."

지아가 돌돌 말린 문서 한 장을 내놓으며 말했다.

크리스티나가 그것을 빼앗듯 받아 펼쳤다. 지아가 말한 내용이 딱딱하고 사무적인 문체로 쓰여 있었다. 그리고 그 맨 마지막 부분에 총사령관의 서명이 있었다.

"카를 구스타프…."

네 필의 말이 흙먼지를 자욱하게 피우며 겨울의 들판을 질주했다. 지아와 한별, 크리스티나와 페르디난트가 탄 말이었다.

밤을 잊으며 말을 달린 일행은 나흘 만에 독일의 북서부 베스트팔렌 지역의 니더작센 주(州), 그 중에서도 하제 강(江)이 도시 전체를 감싸듯 흐르는 오스나브뤼크가 내려다보이는 언덕에 도착할 수 있었다.

오스나브뤼크는 미텔란트 운하로 니더작센의 주도(州都)인 하노버를 비롯한 여러 도시들과 항구를 잇는 아름다운 도시였다. 특히나 가톨릭의 자랑인 로마네스크 풍으로 지은 바실리카 대성당과 요하네스 교회, 카타리나 교회 등 아름다운 건축물들은 그들의 자랑거리였다. 그 중에서도 완만한 둔덕 꼭대기에 세워진 고딕 양식의 시청사는 많은 시민들의 사랑을 받는 건축물이었다.

하지만 지금 일행의 눈앞에 펼쳐진 것은 시꺼멓게 그을리고 완전히 부서진 폐허일 뿐이었다. 시가지는 완전히 파괴되어 그 형태도 남아

있지 않았고, 도시 중앙에 서 있는 교회와 학교 등 덩치 큰 건물들도 간신히 그 일부만이 아슬아슬하게 서 있었다.

도시 중앙의 언덕 꼭대기에 서 있던 시청사는 더욱 처참했다. 가장 눈에 띄는 표적이었던 까닭에 기둥 하나, 돌벽 하나 온전히 남아 있지 못했다.

폐허가 된 도시를 사이에 두고 남과 북으로 스웨덴과 신성로마제국의 대군이 대치하고 있었다. 북쪽 항구에는 푸른 바탕에 노란 십자가가 그려진 깃발을 높이 매단 군선들이 가득 정박했고, 항구를 등지고 있는 스웨덴의 군대는 감히 그 수를 헤아릴 수조차 없었다.

남쪽의 뮌스터 시내를 등진 채 스웨덴군과 대치하고 있는 신성로마군 역시 만만치 않았다. 합스부르크 왕가의 상징인 머리 두 개 달린 매가 거대한 깃발에 그려져 있고, 이를 내건 신성로마제국과 그들의 동맹국 병사들 역시 끝이 보이지 않을 정도로 길게 늘어서 있었다.

일행을 경악하게 만든 것은 또 있었다. 도시 외곽에 늘어선 초라한 나무 십자가들이 바로 그것이었다. 전투 중 사망한 병사들의 간이 무덤인 듯 조악하게 만든 십자가가 어두운 색으로 물든 거친 벌판에 끝도 없이 이어져 있었다. 줄을 맞춰 늘어선 그 나무 십자가들은 지금까지 보아 오던 그 어떤 것보다 전쟁의 처참함을 적나라하게 보여주고 있었다.

지아는 십자가들을 발견하자마자 고개를 외면해 버렸고, 한별 역시 입술을 질끈 깨문 채 고개를 숙였다.

크리스티나는 고개를 돌리지도, 숙이지도 않았다. 아니 못했다. 헤아릴 수도 없을 만큼 많은 이름 모를 병사들의 무덤을 그저 부릅뜬 눈으로 주시할 뿐이었다. 가슴 깊은 곳에서 뜨거운 것이 울컥 올라왔다. 그리고는 끝내 절규 같은 울음을 토해 냈다.

"이런 건 너무해! 너무하다고!"

흙바닥에 무너지듯 주저앉은 크리스티나가 숨죽인 울음을 토해 낼 때마다 그녀의 온몸이 들썩였다. 한별도, 지아도 차마 위로의 말을 건네지 못했다.

펑! 퍼엉!

그러는 가운데서도 포성은 끊임없이 들려왔다. 전선이 워낙 넓어 하루에도 몇 차례씩 산발적인 전투가 벌어지고 있었다. 이미 폐허로 변한 도시 어딘가에서 또다시 연기가 치솟았다. 메케한 화약 때문에 숨을 들이쉴 때마다 코끝이 매울 정도였다.

얼핏 전투는 막상막하처럼 보였지만 실상은 그렇지 못했다. 스웨덴에는 뛰어난 지휘관인 카를이 버티고 있는 반면, 신성로마제국은 구심점이 되어야 할 페르디난트가 없어서인지 진영도 어수선하고 전투에서도 패색이 짙었다.

크리스티나의 울음이 잦아들 때쯤 페르디난트가 낮게 가라앉은 목소리로 말했다.

"아무래도 여행은 끝난 것 같군."

동시에 한별과 지아가 깜짝 놀라 소리쳤다. 페르디난트가 칼을 뽑아 들었기 때문이었다.

"무슨 짓이에요?"

"신성로마제국의 황제로 돌아가야 할 시간이다."

한별이 소리쳤다.

"가려면 가요! 누가 잡는대요?"

"빈손으로 돌아갈 생각은 없다."

"뭐, 뭐예요? 그럼 우리를 끌고 가기라도 한다는 거예요?"

페르디난트는 굳이 부정하지 않았다. 하지만 대상은 한별이 아니었다. 대답 대신 그는 칼끝을 크리스티나에게로 향했다.

지아와 한별이 함께 외쳤다.

"말도 안 돼! 크리스를 죽일 셈이야!"

"배신자! 이러려고 지금껏 친한 척 붙어 다녔구나!"

두 사람의 비난에 페르디난트의 얼굴은 조금 전보다 더욱 어두워졌다. 짧은 기간 동안 그의 마음속에도 우정이라는 것이 싹텄기 때문이었다. 하지만 황제라는 책무는 그 어린 싹보다 더욱 무겁고 중했다.

"비난해도 할 수 없어. 난 합스부르크의 황제다. 어쭙잖은 우정보다는 전쟁을 승리로 이끌 의무가 더 중요해."

"이해해요. 하지만 당신과 함께 갈 수는 없어요."

한별이 뭐라고 소리치려는 순간 크리스티나의 음성이 들렸다. 돌아보니 어느새 크리스티나는 일어서 있었다.

"날 데려간다면 신성로마제국 병사들의 사기는 그야말로 하늘을 찌르겠지요. 반대로 스웨덴 쪽은 전의를 잃게 될 테고요."

그녀의 얼굴에서 눈물은 찾아볼 수 없었다. 말을 마치는 크리스티나의 손에는 어느덧 칼이 들려 있었다. 평소의 연약해 보이는 얼굴은 질끈 깨문 입술과 단호히 빛나는 눈빛 때문에 전혀 다른 사람처럼 보일 정도였다.

"당신이 신성로마제국의 황제이듯 나 또한 스웨덴의 황자예요. 나의 병사들을 죽음으로 내몰 수는 없어요."

페르디난트의 눈이 서늘히 빛났다.

"내 상대가 안 된다는 것쯤은 알고 있을 텐데? 죽을지도 몰라."

"그런 건 벌써 각오하고 있어요!"

크리스티나는 대답과 동시에 몸을 날렸다. 칼과 칼이 부딪히자 날카로운 금속성이 주변 공기를 찢었다.

결과는 예상대로였다. 할아버지를 따라 어릴 때부터 전장을 누비던 페르디난트와 룰레오 성에 갇혀 심심풀이 삼아 검술을 익힌 크리스티나는 비교가 되지 않았다.

더구나 페르디난트는 다 자란 청년의 몸, 소녀인 크리스티나는 애초부터 그의 상대가 되지 않았다.

채앵!

몇 번의 충돌 끝에 짧은 비명 소리와 함께 크리스티나의 칼이 허공으로 날아올랐다. 칼을 놓친 크리스티나는 어깨를 감싸 쥐고는 쓰러질 듯 휘청거렸다. 페르디난트의 칼이 스친 모양이었다.

"크윽!"

"크리스!"

지아와 한별은 다급히 크리스티나에게 뛰어갔다. 그리고는 성난 눈으로 페르디난트를 노려보았다.

"불에 타 죽을 뻔한 걸 겨우 살려 냈더니 은혜를 이렇게 갚아요?"

"비켜라. 너희들까지 다치게 하고 싶지 않아."

"죽어도 못 비켜요!"

"흥! 크리스를 데려가려면 우리 먼저 죽여 보시지?"

지아와 한별이 발악하듯 소리쳤다. 악 다문 입술에서 둘의 의지를 읽을 수 있었다.

잠시 고민하듯 침묵하던 페르디난트가 작은 한숨을 내쉬었다. 한별과 지아, 그리고 크리스티나는 그를 황제가 아닌 한 사람으로 대해 준 유일한 친구들이었다. 그의 칼끝이 바닥으로 떨어졌다.

"하아… 도저히 못 해먹겠군. 좋아, 너희들이 날 구해 줬던 건 사실이니까 이걸로 그 빚을 갚았다 치자고."

페르디난트는 쓴웃음을 지으며 뒤돌아섰다.

그런 그를 크리스티나의 목소리가 붙잡아 세웠다.

"페르디난트, 며칠 전 내가 한 말 기억하고 있나요?"

페르디난트가 멈칫 멈춰 섰다.

"종전 협상 말인가? 조금 늦은 것 같지 않아?"

"늦지 않았어요. 아니, 더 이상의 희생을 막기 위해서라도 더욱 더 필요해요."

"어떻게? 분명히 말했을 텐데? 난 이름뿐인 허수아비는 필요 없다고 말이야."

"내가 당신의 교섭 상대가 될 자격을 갖추면, 그때는 협상에 응해 줄 건가요?"

페르디난트는 그제야 슬쩍 고개를 돌려 보았다. 그리고는 크리스티나의 진지한 얼굴을 한참이나 지그시 바라보다가 고개를 끄덕였다.
"만약 그렇게 되기만 한다면 거부할 이유는 없겠지."

멀어지는 페르디난트의 등을 한참이나 바라보던 한별이 문득 크리스티나를 돌아보았다.
"안 아파?"
"응? 아아, 별 거 아니야. 살짝 스친 거거든."
"그나저나 이제 어쩔 거야? 이 상태에서 저 안으로 뛰어들었다가는 꼼짝없이 카를에게 죽을 거야."
지아가 스웨덴의 깃발이 펄럭이는 진영을 가리키며 물었다.
"알아."
"그럼 일단 어딘가 다른 곳으로…."
"아니, 그래도 저기로 가야지. 더 이상 피할 수만은 없다는 걸 여기까지 와서 비로소 알았어. 지금 카를을 막지 않으면 전쟁은 점점 더 걷잡을 수 없게 될 거야. 지금이 바로 카를의 앞에, 그리고 스웨덴의 병사들 앞에 나서야 할 때야."
"에엑! 그럼 죽는다니까 아까 뭘 들은 거야?"
기절할 것만 같은 두 사람의 표정에 크리스티나가 피식 웃었다.
"걱정 마. 카를은 수만 병사들이 있지만 난 너희 둘뿐인데 설마 정면승부라도 할까 봐?"
"그럼 도대체 어쩌려고?"
크리스티나는 대답 대신 슬쩍 웃어 보였다.

"이건 완전 미친 짓이야."

크리스티나를 따라 칠흑 같은 어둠 속을 더듬으며 한별이 투덜거렸다. 지아도 불안한 눈으로 사방을 살펴보며 고개를 끄덕였다.

세 사람이 허리를 잔뜩 숙이고 다가가고 있는 곳은 바로 스웨덴군 진영이었다. 누구에게 들킬까 봐 셋은 얼굴에 진흙을 덕지덕지 바르고 있었다.

처음 크리스티나에게 끌려 숨어들었을 때만 해도 당장이라도 들킬 듯 불안했던 지아와 한별이었다. 하지만 막상 진영의 외곽에 도착하자 그런 불안감은 많이 희석되었다. 군대의 진영이라고는 해도 일반인이 적지 않게 섞여 있었기 때문이었다.

그들은 대부분 파괴된 도시 오스나브뤼크에서 맨몸으로 도망쳐 나온 시민들이었다. 불과 얼마 전까지만 하더라도 아름다운 도시의 주인이었던 그들이었지만 지금은 무너지는 자신들의 도시를 바라볼 수밖에 없는 난민이었다.

생각보다 훨씬 수월하게 진영 안으로 숨어든 뒤에도 크리스티나의 얼굴은 밝지 않았다. 눈이라도 내릴 듯한 추운 날씨에 구멍이 숭숭 난 허름한 천막과 낡아 빠진 외투 한 벌에 의지하고 있는 사람들의 희망 없는 눈빛이 그녀의 마음을 무겁게 짓눌렀기 때문이었다.

진영 중앙으로 갈수록 병사들의 막사도 늘어났다. 병사들의 모습도 난민들과 크게 다르지 않았다. 오랜 전쟁에 시달린 그들의 얼굴에 난 주름마다 절망이 깊이 새겨져 있었다.

병사들 역시 크리스티나 일행을 보았다. 하지만 힐끗 쳐다보았을 뿐

별다른 행동을 취하지는 않았다. 도시 하나가 파괴되면서 몰려든 난민은 수천 명에 달했고, 그 중 전쟁고아는 셀 수도 없을 정도였기 때문에 일행 역시 그 무리의 일부인 것처럼 보였다.

그런 병사들의 무기력함 덕분에 셋은 큰 방해를 받지 않고 진영 이곳저곳을 돌아볼 수 있었다. 좌우로 길게 늘어진 진영의 양 끝은 민간인들이, 그곳으로부터 조금 안쪽으로는 일반 병사들이 자리하고 있었다. 진영 중앙으로 갈수록 직급이 높은 장교나 귀족들의 막사가 있었고 경비 또한 삼엄했다.

그리고 그 가장 안쪽, 즉 진영 중앙에 근위병들이 항상 경계를 서고 있는 커다란 막사 하나가 있었다. 카를의 거처였다.

동이 틀 무렵, 대강의 지형을 확인한 크리스티나는 커다란 창고의 그늘진 곳으로 지아와 한별을 데리고 갔다.

"자, 이제 내 작전을 말해줄게."

지아와 한별은 궁금해 죽겠다는 얼굴로 크리스티나의 말에 귀를 기울였다.

크리스티나의 설명은 제법 길어 해가 완전히 뜰 때까지 이어졌다. 그리고 마침내 설명을 끝냈을 때 지아와 한별은 다시 묻지 않을 수 없었다.

"너, 지금 제정신이야? 그게 말이 된다고 생각해?"

"크리스티나, 내 짧은 머리로도 이건 조금 무리 같다. 다시 생각해 보는 게 어때?"

크리스티나는 단호히 고개를 끄덕였다.

"돼."

"나 참, 뭘 믿고?"

한별이 눈을 가늘게 뜨고 물었다. 크리스티나는 손가락으로 주변을 가리켰다. 해가 완전히 떠올라서인지 주변은 천막에서 나와 먹을 것을 구하는 사람들로 넘쳐 났다.

"절망에 빠진 저 사람들에게 난 희망을 보여 줄 생각이야. 내 생각대로만 된다면 저 사람들이 나의 힘이 되어 줄 거야."

"그러니까 정확히 어떤 희망?"

크리스티나는 거듭 묻는 한별과 지아에게 빙긋 웃으며 말했다.

"이제 며칠 후면 성축일이야. 유럽에서 성축일은 가장 큰 축제임과 동시에 평화를 상징하는 날이기도 해."

지아가 확인하듯 물었다.

"성축일? 성 니콜라스 축일 말이야?"

"응. 난 그날을 희망의 날로 만들 생각이야. 그러려면 너희들의 도움이 필요해."

지아는 곰곰이 생각에 잠겼다가 고개를 끄덕였다.

"용케 그런 황당한 생각을 했구나. 하지만 뭐, 전혀 불가능한 것 같지는 않네."

지아가 승낙하자 한별도 고개를 끄덕였다.

"난 물어볼 필요 없어. 무조건 오케이니까. 그런데 성축일이 뭐야?"

지아는 한심하다는 듯 한숨을 푹, 내쉬며 대답했다.

"성탄절 말이야. 크리스마스!"

> 성 니콜라스의 가호 아래 고요한 성축일의 해가 지면
> 스웨덴의 진정한 주인이 평화를 가지고 올 것이다.

그것은 짧고도 황당한 문장이 적힌 손바닥 반만 한 크기의 작은 종이였다. 처음 그 종이가 진영에 눈꽃처럼 흩날렸을 때, 병사들은 아무도 신경 쓰지 않았다. 버려진 종이는 발에 밟히고 찢겨 쓰레기가 되었다.

하지만 그럼에도 쪽지는 어디선가 쉬지 않고 날아들었고, 어느 순간부터 사람들의 눈을, 귀를, 그리고 마음을 사로잡기 시작했다.

맨 처음 관심을 보인 것은 민간인들이었다. 그렇게 시작된 관심은 어느새 병사들에게까지 옮겨 갔다.

병사들은 쪽지를 버리는 대신 주머니 속에 찔러 넣었다. 그리고 어두운 밤 침상에 누워, 아니면 불침번을 서면서 소리 죽여 쪽지에 대한 이야기를 주고받았다.

"이거 봤어?"

"아, 그거라면 나도 있어. 봐."

"그런데 스웨덴의 주인이라는 건 누구 얘기지? 왕?"

"왕이라… 지금 가장 왕관에 가까운 건 카를 왕자겠지?"

"하지만 카를 왕자에게 평화라는 말은 안 어울려. 차라리 승리! 승전! 이런 거라면 모를까."

"아! 그리고 보니 크리스 황자도 있잖아. 얼마 전에 들었는데 카를과 정반대 성향이라고 하던데?"

"흐음, 그럼 이건 크리스 황자 얘긴가?"

"맞아. 크리스 황자라면 가능하지 않겠어?"

"모르지. 두 사람 말고 또 다른 주인이 있을지."

"예끼, 이 사람. 그건 반역이잖아. 난 아무 말도 못 들었네."

그렇게 한 번 입에 오른 이야기는 점차 안개처럼 사람들 사이로 스며들어, 며칠이 지나자 병사들의 술렁임은 눈에 보일 정도였다.

늦은 밤, 홀로 막사에 앉은 카를은 희미한 등잔불에 의지하면서 손에 든 쪽지를 천천히 읽어 내렸다. 쪽지는 며칠 전 부하가 구해 전해 준 것이었다. 사실 굳이 볼 필요도 없었다. 몇 번이고 읽어 이제는 술술 외울 정도니까.

처음 쪽지를 받아 든 카를은 불같이 화를 냈었다. 그리고 경계를 두 배 이상으로 강화했다. 하지만 눈에 다 담을 수조차 없을 정도로 넓은 진영 안에서 몇 사람인지도 모르는 범인을 찾는다는 것은 애초 불가능한 일이었다.

뾰족한 해결책을 찾지 못하는 사이, 성축일은 바로 내일로 다가와 있었다. 병사들의 술렁임은 건물 안에 앉아 있는 그에게도 느껴질 정도였다.

누군가의 잔꾀에 놀아나고 있다고 생각한 카를은 짜증이 나 종이를 박박 찢어 버렸다. 그리고 내일이야말로 고요한 성축일을 운운한 범인에게 보란 듯 총공격을 퍼부어 신성로마제국과 페르디난트를 유럽에서 완전히 밀어내리라 다짐했다.

"그리고 난 스웨덴의 왕이 되는 거야."

주먹을 불끈 쥐어 의지를 다시 한 번 다진 카를이 등잔불을 불어 껐다. 주변은 순식간에 어둠으로 잠겼다.

"신기하네. 이런 게 진짜 통하다니."

"죽고 싶어하는 사람은 아무도 없으니까."

한별과 지아가 스웨덴군의 진영의 한쪽 구석에서 숨죽여 이야기를 나누고 있었다. 한별의 손에는 조그맣게 접은 쪽지 한 장이 들려 있었다. 진영 곳곳에 뿌려졌던 바로 그 쪽지였다.

카를이 그토록 잡고 싶었던 범인이 바로 한별과 지아, 그리고 크리스티나였다. 지아와 크리스티나가 머리를 쥐어짜 문장을 만들고 종이에 쓴 뒤 한별과 함께 셋이서 진영 곳곳에 흩뿌리고 다녔던 것이다. 각자 움직이는 것은 함께 다니는 것보다 훨씬 위험하지만 짧은 시간 안에 더 많은 사람들에게 알리기 위해서 어쩔 수 없는 선택이었다.

"그런데 크리스티나는 왜 아직 안 오는 거지?"

"헉헉… 나 왔어. 오래 기다렸지?"

한별이 불안한 듯 고개를 쑥 내민 순간, 거친 숨을 몰아쉬며 크리스티나가 도착했다. 그녀의 얼굴은 온통 땀으로 범벅이 되어 있었다.

"왜 이렇게 늦었어?"

"헤헤. 카를의 막사 앞까지 다녀오느라고."

"뭐? 너 진짜 간이 부었구나. 거긴 근위대가 버티고 있잖아? 그러다 들키면 어쩌려고?"

"내일은 더 큰 사고를 칠 건데, 뭐."

지아의 타박에 크리스티나는 피식 웃음을 지었다. 밤마다 반복되는 죽음에 대한 두려움과 솜털을 가닥가닥 세울 듯한 흥분, 그리고 무사히 돌아왔다는 안도감에 몸과 마음은 벌써 물에 푹 젖은 솜뭉치처럼

무거웠다. 하지만 오늘 밤만큼은 쉴 틈이 없었다.

"대충 숨 돌렸으면 가자. 오늘 밤이 제일 바쁘잖아."

크리스티나의 재촉에 지아와 한별이 등 뒤에서 커다란 자루 세 개를 꺼내 들었다. 크리스티나는 그 중 하나를 짚어 어깨에 걸쳤다. 크기는 꽤 컸지만 자루는 생각보다 가벼웠다. 지아와 한별도 남은 두 개의 자루를 나누어 들었다. 지아의 자루 역시 그다지 무겁지 않은 듯했다. 하지만 한별이 집어 든 마지막 자루는 꽤나 무거운 듯 자루를 걸쳐 맨 한별의 몸이 한 차례 휘청거렸다.

"가자."

크리스티나가 낮고도 단호한 음성으로 짧게 말했다. 그 말을 신호 삼아 세 사람은 재빨리, 하지만 조심스럽게 진영을 벗어나 오스나브뤼크의 폐허로 달리기 시작했다.

같은 시간, 신성로마제국의 본부로 쓰이는 석조 건물 안에 위치한 회의실은 충격에 휩싸여 있었다. 발단은 페르디난트의 말 한 마디였다.

"내일 하루, 해 뜰 때부터 해가 질 때까지 모든 전투를 중단한다."

그의 폭탄선언에 회의실을 가득 메운 사람들의 얼굴이 경악으로 물들었다.

"모든 전투를 중단하라 하심은 포격을 말씀하시는 겁니까?"

"대포의 포격뿐 아니라 병사 간의 총격도 포함한다."

페르디난트의 단호한 대답에 회의장 안은 잠시 술렁였다. 반 년 가까이 행방불명된 사이 황제가 이상해졌다는 중얼거림도 섞여 있었다.

그때, 누군가 쪽지 한 장을 내밀며 말했다.

"폐하의 명령이 혹시 이것과 관계가 있습니까?"

그것은 크리스티나가 스웨덴 진영에 뿌린 바로 그 쪽지였다. 전쟁이 치열한 만큼 정보전 역시 치열했다. 신성로마제국은 스웨덴군에, 스웨덴 역시 신성로마군 안에 진즉부터 스파이를 심어 두고 있었다.

페르디난트는 천천히 고개를 끄덕였다. 그의 머릿속에 어젯밤 자신의 침실로 숨어들었던 한별의 간절한 목소리가 떠올랐다.

"크리스티나를 믿어 줘. 딱 하루! 하루면 돼!"

성질 급한 누군가의 외침이 그의 상념을 깨웠다.

"설마 황제께서도 저 소문을 믿으시는 건 아니겠지요?"

"그 소문이 아니라 그 소문을 퍼뜨린 사람을 믿는 거지. 아니, 믿고 싶다고 해야 하나."

뒤로 갈수록 낮아지는 그의 목소리를 듣는 사람들의 눈이 의혹으로 가늘어졌다. 페르디난트는 탁자를 빙 둘러앉은 한 사람 한 사람과 눈을 마주친 뒤 다시 말했다.

"내 명령은 내일 단 하루 동안 선제공격을 참으라는 거지, 당하고만 있으라는 게 아니야. 만약 저쪽에서 먼저 공격해 온다면 당연히 응전해야겠지."

그래도 사람들의 표정은 여전히 불만스러웠다.

"듣자하니 이 소문 때문에 적들은 사기가 많이 꺾였다더군요. 이럴 때일수록 총공격을 퍼부어야 하는 거 아닙니까?"

"저도 같은 생각입니다. 더불어 황제께서 잠시 여행을 하시는 동안 판단력이 흐려지신 것이 아닌가 하는 걱정도 듭니다."

그 말에 흠칫 사람들의 어깨가 굳어졌다. 하지만 내심 자신들 역시 묻고 싶었던 말이기도 했다. 모두의 의구심 가득한 시선이 페르디난트에게로 모여들었다.

페르디난트는 잠시 쓴웃음을 지었다. 하지만 다시 입을 여는 그의 눈빛은 매섭게 빛나고 있었다.

"조국에 대한 나의 애정은 의심할 필요가 없어. 만일 내일 해가 진 뒤에도 전황에 변화가 없다면 내가 직접 병사들을 이끌고 카를을 치도록 하지. 이 정도면 의심이 풀렸나?"

잠시 회의실이 어수선해졌다. 사람들은 페르디난트의 눈을 피해 서로서로 눈빛을 보내거나 귓속말을 나누었다. 하지만 혼란은 잠시, 그들은 결국 고개를 끄덕였다. 페르디난트는 그들의 황제이자 가톨릭의 구심점이었던 것이다.

회의가 끝난 뒤 페르디난트는 심란한 마음으로 자신의 방으로 돌아왔다. 창밖으로는 끝없이 늘어선 병사들의 막사와 스웨덴과 마찬가지로 난민들의 허름한 천막, 그리고 그 너머로 뼈대만 앙상한 오스나브뤼크의 폐허가 보였다. 희미한 달빛 아래 보이는 파괴된 도시는 낮보다 훨씬 서글펐다.

"크리스티나, 네가 원한 대로 단 하루의 유예를 얻기는 했다만 도대체 하루 동안 뭐가 바뀐다는 거지?"

그의 혼잣말이 텅 빈 방안을 힘없이 떠돌다가 차가운 공기 사이로 사라졌다. 당연히 대답은 없었다.

　침대에 누운 뒤에도 꽤 오랫동안 잠들지 못하고 뒤척이던 그는 결국 잠들기를 포기했다. 창밖으로는 어느새 뿌옇게 동이 트고 있었다.

　성축일이 시작된 것이다.

조국 스웨덴을 위하여

　카를은 평소보다 일찍 눈을 떴다. 평상시 잠에서 깨려면 몇 분은 뒤적여야 했지만 오늘은 달랐다. 완전히 정신이 드는데 1초도 걸리지 않았다. 뭔가 이상한 기분이 들었기 때문이었다.
　벌떡 일어나 앉아 주변을 돌아본 카를은 고개를 갸웃거렸다. 거친 천으로 만든 막사, 의자에 반쯤 걸쳐 놓은 망토, 붉고 푸른 잉크로 엉망이 되어 탁자 위에 펼쳐진 유럽 지도, 그리고 손이 닿는 곳에 풀어놓은 칼까지 모든 것이 어젯밤과 똑같았다.
　"뭐지?"
　잠시 어리둥절해하던 카를은 다음 순간 무엇이 달라졌는지 알아챘다.
　이곳은 유럽에서도 가장 치열한 전선이었다. 다른 날이라면 해가 뜨기도 전에 벌써 포성과 총성으로 귀가 먹먹해야 했다. 하지만 지금은 고요한 적막만이 주변을 짓누르고 있었다.

그런 사실을 깨달은 순간, 카를은 발작하듯 일어나 밖으로 뛰어나왔다.

카를의 눈에 가장 먼저 들어온 광경은 마치 넋이 빠진 사람들처럼 멍하니 하늘을 올려다보고 있는 병사들이었다. 어젯밤 총공격을 결심했던 터라 화가 머리끝까지 치솟았다.

"이게 뭐하는 짓이야!?"

카를은 분노해서 소리쳤다. 하지만 병사들은 그의 목소리가 들리지 않는지 여전히 하늘을 올려다보고 있었다.

"도대체 뭘 보는… 헉!"

고개를 돌리는 순간, 카를은 유령이라도 본 듯 다급히 숨을 삼켰.

폐허로 변한 오스나브뤼크 상공에 떠 있는 것은 분명 십여 개의 아기 천사들이었다. 그리고 그 가운데에는 천사들보다 조금 큰 성 니콜라스의 모형도 보였다. 바람이 불 때마다 이리저리 움직이는 것으로 보아 종이로 만든 연이었다.

그랬다. 그저 흔해 빠진 연일 뿐이었다. 비록 전쟁 중이어서 흔히 볼 수는 없었지만 연 자체는 그다지 귀한 것도, 신비한 것도 아니었다. 하지만 어젯밤까지만 하더라도 아무 것도 없었던 폐허 한가운데서 거짓말처럼 불쑥 솟아오른 그 연들은 한여름의 북해처럼 새파란 하늘을 유영하며 사람들의 시선을 홀리듯 사로잡았다.

그 순간 카를의 머릿속에 문득 짧은 단어 하나가 번개처럼 스치고 지나갔다.

"성축일!"

그가 내뱉은 성축일이라는 단어는 고요한 수면에 던져진 돌멩이처럼 둥근 파문을 그리며 주변으로 퍼졌다. 그 파문을 따라 병사들이 웅성거리기 시작했다.

"그러고 보니 오늘이 성축일이군. 정말 고요한 성축일이 되는 거야?"

"그 쪽지가 정말이었나 봐. 신성로마제국의 포격이 없잖아."

"정말이다."

"그, 그럼 오늘 전쟁이 끝나는 거야?"

병사들의 술렁거림은 몸으로 느낄 정도였다.

뒤늦게 아차, 하는 심정으로 카를이 외쳤다.

"뭣들 하는 거야? 저따위 애들 장난 같은 것에 정신 팔리지 마! 대포를 쏴서 연을 떨어뜨려!"

하지만 병사들은 여전히 꼼짝도 하지 않았다. 그들은 서로의 눈치를 보며 잔뜩 기어들어 가는 목소리로 말했다.

"죄송합니다. 도저히 못하겠습니다."

"뭐라고?"

카를의 눈에서 불이 뿜어져 나왔다. 하지만 병사들은 여전히 꼼짝도 하지 않았다.

"오늘은 성축일입니다. 비록 모형이라고는 해도 성 니콜라스 성인을 향해 대포를 쏠 수는 없어요."

"맞습니다. 아이들의 수호성인 아닙니까? 집에 두고 온 아이들 때문에라도 그것만은 못합니다."

쭈뼛거리며 말을 하던 병사들의 목소리가 점차 커졌다. 용기를 내어 몇 사람이 거부의 의사를 밝히자 모든 병사들이 이에 동조하는 듯 한 발 뒤로 물러섰다.

카를은 분노했다. 그는 가장 가까이 서 있던 나이 어린 병사의 옷깃을 틀어쥐었다.

"이익…! 저건 너희들을 조롱하려는 신성로마제국의 장난질이란 말이다! 당장 총을 잡아!"

병사는 켁켁 숨을 몰아쉬면서도 끝내 고개를 저었다.

"전 이제 전쟁은 지긋지긋해요. 우리 아버지도, 할아버지도 모두 전쟁 때문에 돌아가셨단 말이에요."

목소리는 어느새 흐느낌으로 변해 있었다.

그 흐느낌을 듣고 있던 한 병사가 총을 바닥에 던졌다. 카를의 나이보다 족히 배는 될 법한 중년의 사내였다. 그는 노인처럼 깊게 주름진 입가를 움직여 쓴 목소리를 토해 냈다.

"저도 싫습니다. 벌써 삼십 년째 전쟁입니다. 대체 언제까지 우리의 인생, 우리의 가족을 희생해야 합니까?"

"아들까지 전쟁에 끌려왔어. 그 아이만큼은 절대 이런 곳에서 죽게 할 수 없어."

"난 이미 아들을 잃었어. 적어도 성축일만큼은 아들을 기억하고 싶어."

한 사람이 총을 버리자 이에 동요하여 다른 병사들 역시 하나 둘 그를 따라했다.

"맞소! 오늘 하루만이라도 좀 쉽시다! 혹시 압니까? 쪽지에 적힌 대로 정말 전쟁이 끝날지!"

 병사들의 외침은 점차 커져 마침내 커다란 파도처럼 카를을 집어삼켰다. 처음 직면하는 병사들의 강경한 반발에 잠시 당황하던 카를의 눈이 한순간 서늘하게 번뜩였다.

 "감히 내 명령을 무시하다니!"

 카를은 허리춤에서 긴 칼을 뽑아 들었다. 햇살이 잘 닦인 그의 칼에 부딪혀 사방으로 비산했다.

 "모두 총을 집어라. 그렇지 않으면 죽이겠다."

 소년의 것이라고는 도저히 믿어지지 않는 카를의 눈빛과 목소리에 병사들은 잠시 흠칫 어깨를 떨었다. 번뜩이는 칼날보다 카를의 눈빛이 더욱 날카로웠다. 하지만 병사들은 고집스럽게 입술을 깨물었다.

 "언젠가 죽을 거라면 시체도 찾지 못할 전장보다는 여기서 죽겠습니다."

 한 병사의 말에 카를의 손이 번쩍 치켜 올려졌다. 하지만 차마 칼을 내리치지 못했다. 어느새 수없이 많은 병사들에게 둘러싸였음을 알아챈 것이다. 폭동이라도 불사하겠다는 의지가 그들의 눈을 통해 뿜어져 나왔다.

 "그를 죽이려면, 우리 모두를 죽여야 할 겁니다."

 심상치 않게 돌아가는 주변 공기에 다급히 달려온 부관이 카를의 팔을 잡았다.

 "왕자님, 지금은 잠시 상황을 지켜보시는 것이 나을 것 같습니다."

 뒤늦게 밖으로 나온 귀족들도 일단 지켜보자는 듯 고개를 저었다. 카를은 이를 갈았지만 돌아설 수밖에 없었다.

뒤돌아 걷는 그의 악 다문 이빨 사이로 가시 돋친 말이 흘러나왔다.
"저것들이 나의 길을 막는다면… 내가 직접 부숴 주지."

놀란 눈으로 하늘을 응시하는 것은 신성로마제국의 병사도 마찬가지였다. 다친 병사들까지 병상에서 벗어나 한 줄기 바람에 이리저리 흔들리는 연을 넋 놓고 올려다보았다. 눈에 보이는 모든 것이 부서지고 망가진 도심 하늘에 홀연히 나타난 그 연들은 마치 진짜 천사인 듯 아름다웠다. 언제 죽을지 모른다는 공포로 죽어 있던 그들의 눈빛이 정말 오랜만에 부드럽게 풀어졌다.

신성로마제국의 귀족들 역시 입을 쩍 벌렸다.
"정말 믿을 수 없군."
누군가 나직이 중얼거렸다. 나란히 선 귀족들이 고개를 끄덕였다. 어젯밤 페르디난트 황제의 제안을 받아들이기는 했지만 내심 코웃음을 친 그들이었다. 하루는커녕 해가 뜨기도 전에 포탄이 날아들 것이라고 생각했다.

그런데 예상과는 다르게 벌써 몇 시간째 사방은 고요했다. 해는 이제 머리 위를 지나 서쪽으로 넘어가고 있었다.

모든 사람들의 앞에 페르디난트가 서 있었다. 태연한 척 연이 보이는 정면을 응시하고 있지만 속마음은 다른 사람들보다 훨씬 더 놀라는 중이었다. 그는 품에 넣어 두었던 쪽지를 손으로 더듬었다.

'저건 분명 크리스와 그 녀석들 짓이야. 하여튼 정말 기발하다니까.'

고개를 흔드는 그의 입가에 작은 미소가 어렸다. 그리고 이대로 하루가 가기를, 크리스티나를 다시 만날 수 있기를 기도했다.

하지만 그의 기도와는 달리 하늘은 점점 흐려지고 있었다. 그리고는 끝내 꽃잎보다 가벼운, 하지만 송곳보다 차가운 눈송이 하나를 그의 이마 위로 떨어뜨렸다.

페르디난트는 그 오싹한 감촉에 흠칫 고개를 들었다. 새하얀 눈송이들이 하나 둘 춤을 추듯 떨어져 내리고 있었다.

"눈이…."

본격적으로 허공에 흩날리는 눈을 바라보는 페르디난트의 얼굴이 일그러졌다.

"으악! 미치겠네. 왜 하필 지금이야?"

눈이 반갑지 않기는 폭삭 주저앉은 시청사의 잔해 앞에 서 있는 크리스티나도 마찬가지였다. 그녀는 하늘에 대고 소리를 질렀다.

지아와 한별은 정신없이 연 사이를 뛰어다니며 줄을 흔들었다. 연에 쌓이는 눈을 조금이라도 털어내기 위해서였다. 하지만 눈 내리는 속도는 점점 더 빨라지고 있었고, 물기를 머금어 무거워진 연들은 하나 둘 힘을 잃고 땅으로 떨어져 내렸다.

"강한별! 어떻게 좀 해 봐. 연날리기 챔피언이라며?"

"눈이 오잖아. 나더러 어쩌라고!"

지아의 비명에 한별도 답답하다는 듯 맞받아 소리쳤다. 말 그대로 속수무책이었다.

결국 천사 모양의 작은 연들은 모두 떨어지고 이제 남은 것은 가장

큰 성 니콜라스의 모습을 본뜬 연뿐이었다. 하지만 그마저 물에 젖어 이리저리 비틀대고 있었다.

계획은 엉망이 되었다. 울 것처럼 일그러진 크리스티나의 얼굴 위로 눈송이들이 떨어졌다. 눈물이 맺힌 눈가에 닿은 눈은 잔인할 정도로 차가웠다.

툭!

작은 소리와 함께 마지막 남은 연이 크리스티나의 발치로 떨어져 내렸다. 질척해진 바닥에 떨어진 연은 다른 연들과 마찬가지로 금세 눈으로 덮였다.

"너무하는 거 아니에요? 좀 도와주면 안 돼요?!"

망연자실한 크리스티나를 보던 지아가 하늘을 향해 버럭 소리쳤다. 하지만 대상 없는 외침은 공허한 메아리로 끝나 버렸다.

말발굽 소리가 들려온 것은 그때였다. 일행은 흠칫 놀라 돌아보았다. 그러자 흩날리는 눈발 사이로 빠르게 마을을 향해 달려오는 한 사람이 보였다.

"카를!"

카를의 말은 순식간에 언덕을 뛰어올라 마침내 시청사 앞마당에 도착했다.

"이 모든 게 너의 장난이었군."

말에서 내리며 카를은 이를 갈았다.

"장난이 아니야. 나의 의지를 이런 식으로나마 표현한 거지."

크리스티나는 담담히 그를 맞았다.

"의지? 무슨 의지? 다 이긴 전쟁에 찬물을 끼얹겠다는 의지? 아니면 어설픈 사기로 병사들의 환심을 사겠다는 의지?"

"전쟁을 끝내고 싶다는 의지야."

카를이 코웃음을 치며 성큼성큼 크리스티나에게로 다가왔다. 한별이 그에 반응하듯 움찔했지만, 크리스티나가 손을 들어 막았고 지아도 그의 소매를 잡았다.

"우리가 낄 자리가 아니야."

"하지만 지아야, 저 녀석, 총이 있어."

지아도 그제야 카를의 허리춤에 꽂혀 있는 작은 총을 보았다. 하지만 여전히 고개를 저었다.

"그래도 안 돼. 지금 크리스티나는 황자로서 저기에 서 있는 거야."

"전쟁을 끝내겠다고? 지금 내가 하고 있는 게 바로 그거야!"

"아니야. 넌 오직 상대를 짓밟을 생각만 하고 있잖아."

"그게 전쟁이니까! 전쟁의 끝이 뭔 줄 알아? 바로 승리라고! 그것도 상대가 반항할 생각도 할 수 없을 정도의 압도적인 승리!"

"틀렸어. 싸우지 않는 게 가장 빠른 방법이야. 전쟁으로 이기는 사람은 결국 아무도 없어. 모두가 뭔가를 잃어갈 뿐이야. 결국 종전만이 유일한 해결책이야."

계속되는 크리스티나의 부정에 카를은 마침내 폭발했다.

"평화? 종전? 그런 말장난으로 코앞까지 다가온 승리를 걷어차겠다고? 손만 뻗으면 가질 수 있는 걸?"

카를의 고함이 오스나브뤼크의 하늘을 뒤흔들었다.

"난 너와 달라! 난 승리자가 될 거란 말이다!"

퍼억!

동시에 크리스티나의 고개가 옆으로 크게 꺾였다.

"저 녀석이 진짜!"

한별이 당장이라도 튀어나갈 듯 몸을 움찔거렸다. 그런 한별의 팔을 지아가 움켜잡았다.

"안 돼. 우린 끼어들 수 없어."

"제길!"

한별은 화를 억누르려 빙글 돌아섰다. 그리고 다음 순간, 그대로 굳어버렸다. 언덕 아래에서 스웨덴군이 새까맣게 밀려 올라오고 있었다.

"지아야… 큰일 났어."

한별이 얼어 버린 채로 다급하게 말했지만 지아는 그쪽으로 돌아서지 못했다.

"큰일은 여기도 났어."

지아의 부릅뜬 시선은 스웨덴군이 올라오고 있는 언덕 반대편에 멈춰 있었다. 그곳엔 페르디난트를 선두로 한 수많은 신성로마제국의 병사들이 몰려오고 있었다. 스웨덴군이 총사령관인 카를을 찾기 위해 움직이자 페르디난트 역시 병력을 끌고 올 수밖에 없었던 것이다.

양쪽 수만 대군의 움직임에 지아와 한별의 발밑이 지진이라도 난 듯 흔들렸다. 야트막한 언덕은 순식간에 스웨덴과 신성로마제국의 수만 병사들로 가득 채워졌다.

그렇게 몰려든 병사들은 서로를 향해 총을 겨누었다.

그 사이에 낀 지아와 한별은 파랗게 질린 얼굴로 눈 쌓인 바닥에 주저앉고 말았다. 이번에야말로 도저히 죽음을 피할 수 없을 것만 같았다.

하지만 걱정과는 달리 양쪽의 병사들은 서로에게 총을 겨누었을 뿐, 누구도 섣불리 방아쇠를 당기지 않았다.

신성로마제국의 병사들은 선제공격을 하지 말라는 황제의 명령 때문에, 스웨덴 병사들은 쪽지에 적혔던 일이 정말로 실현되기를 바라는 열망 때문이었다.

잠시 득의만만한 미소를 지었던 카를의 얼굴이 일그러졌다. 그가 외쳤다.

"쏴! 눈앞에 적의 황제가 있잖아! 쏘라고!"

"하지만 왕자님도 계시고… 더구나 민간인들도 있잖습니까?"

누군가 변명처럼 웅얼거렸다.

"이 멍청한 놈! 누가 민간인이라는 거야? 저건 크리스 황자와 그의 시종들이다!"

카를의 말에 스웨덴 병사들은 깜짝 놀란 듯 웅성거렸다.

"크리스 황자라고?"

"그런데 왜 신성로마제국의 황제와 나란히 서 있는 거야?"

그 순간 지아가 벌떡 일어나 외쳤다.

"여러분! 성축일의 연을 날린 사람이 바로 크리스 황자예요. 그리고 오늘 하루 신성로마제국의 공격이 없던 이유도 바로 크리스 황자가 페르디난트를 설득했기 때문이라고요."

 병사들은 지아의 고함에 놀란 눈으로 크리스티나를 돌아보았다. 지아가 재빨리 덧붙였다.

 "크리스가 그렇게까지 한 이유는 단 하나, 바로 이 전쟁을 끝내기 위해서…."

 "닥쳐! 시종 주제에 감히!"

 카를은 고함을 치며 지아의 말을 끊었다.

 "지아는 시종이 아니라 내 친구야."

 크리스티나가 화난 목소리로 말했다. 그리고 스웨덴 병사들을 돌아보며 말을 이어 갔다.

 "들은 대로 이 모든 것은 제가 벌인 일입니다. 이유는 단 하나, 전쟁이 계속되는 한 비극은 끝나지 않을 것이기 때문입니다. 더불어 신성로마제국의 황제와 저는 한 가지 약속을 했습니다."

 이제는 스웨덴뿐만 아니라 신성로마제국 편 사람들까지 그녀의 말에 귀를 기울였다.

 크리스티나가 페르디난트를 바라보며 말을 계속했다.

 "오늘 하루 동안 스웨덴군이 선제공격을 하지 않으면 신성로마제국 역시 어떤 공격도 하지 않을 것이며, 만약 이 약속이 지켜진다면 해가 짐과 동시에 스웨덴의 대표와 종전 협상을 벌인다는 것이 바로 그 약속입니다."

 잠시 침묵이 언덕 위에 내려앉았다. 사람들은 크리스티나의 말을 확인하려는 듯 페르디난트를 바라보았다. 그는 고개를 끄덕였다.

"사실이오. 나는 이미 종전이라는 대명제에 동의했소. 이제 남은 것은 카를 왕자와 크리스 황자 둘 중 누가 스웨덴 바사 왕가의 대표냐 하는 것이오."

페르디난트의 말이 끝나는 순간, 스웨덴 병사들은 물론이고 신성로마제국의 사람들 역시 충격을 받은 얼굴로 할 말을 잃었다. 그 다음은 작은 술렁임이 일었다.

"그럼… 진짜 전쟁이 끝난다는 거야?"

"그런가 봐."

"그럼 누가… 역시 카를인가?"

"아닐걸? 난 크리스 황자가 우리의 왕이 되었으면 좋겠어."

"맞아. 카를은 절대로 전쟁을 포기할 사람이 아니야."

"나도 크리스 황자가…."

"그나저나 일단 해가 져야 한다고."

누군가의 말에 스웨덴 병사들이 힐끔힐끔 서쪽 하늘을 훔쳐보았다. 어제까지만 하더라도 죽이지 못해 안달을 하던 적들이 눈앞에 있었지만, 지금은 상황이 달라졌다. 종전이라는 말이 주는 희망은 적개심이나 분노보다 오히려 컸다.

지아도 그들의 시선을 따라 눈을 돌렸다. 저물기 시작한 태양이 지평선 가까이 다가가 있었다. 이제 한 뼘만 더 가라앉으면 정말로 포성도 총성도 없는 고요의 성축일이 될 터였다. 어느새 눈은 그쳐 있었고 서쪽 하늘의 성급한 구름은 이미 불그스름하게 물들어 있었다.

지아가 다시 고개를 카를 쪽으로 돌렸다. 지금 이 순간, 전쟁을 계속하고 싶어 하는 사람은 그 뿐이었으니까.

"평화 협상? 정신 차려! 저들은 어제까지 우리의 친구를, 가족을 죽인 적이라고."

예상대로 카를은 분노했다. 그의 짙푸른 눈동자가 분노로 이글거렸다. 크리스티나는 그의 분노를 차분히 받아 냈다.

"여기까지 이르는 동안 피를 흘린 사람들의 희생은 나도 숭고하게 생각해. 잊었는지 모르지만 나도 아버지를 전쟁으로 잃었어. 구스타프 황제를 말이야."

"그런데도 저들과 손을 잡겠다고? 네가 그러고도 스웨덴의 황자야?"

"저들도 우리에게 누군가를 잃었어. 그리고 지금 전쟁을 끝내지 못하면 어쩌면 그보다 더 많은 사람들이 희생될 거야."

"듣기 싫어! 쏴! 쏴 버려!"

카를은 피를 토하듯 소리쳤다. 하지만 그의 명령에도 병사들은 꿈쩍하지 않았다. 오히려 그들은 한 발 뒤로 물러서서 카를의 눈빛을 피하기 바빴다.

"고요의 성축일이라 그거야? 아직도 그 우스운 연극이 계속되고 있군. 좋아, 그렇다면 내 손으로 직접 끝을 내지."

카를은 더 이상 명령하지 않았다. 대신 허리춤에 매달려 있던 총을 꺼내 들었다. 그리고 다음 순간, 모든 사람이 놀랐다.

예상과는 다르게 카를의 총구가 향한 방향은 크리스티나가 아니라 페르디난트 쪽이었다.

"폐하!"

신성로마제국의 병사들은 자신들의 황제가 위험에 처하자 반사적으로 카를에게 총을 겨누었다. 그러자 이번에는 스웨덴의 병사들이 일제히 신성로마제국의 병사들을 향해 총구를 들이밀었다. 오랜 시간 동안 몸에 배인 본능 같은 행동이었다.

피부를 벨 듯한 날카로운 긴장감이 순식간에 주변 공기를 얼렸다. 지아와 한별은 마른침을 삼켰다. 차가운 날씨였지만 이마에는 땀이 흘렀다.

"이제야 좀 전쟁터 같은 분위기가 나는군."

카를은 자기가 연출한 이 상황이 썩 마음에 든다는 듯 미소 지었다.

"고요한 성축일을 요란한 축포로 끝내는 것도 나쁘지 않지."

카를의 미소가 짙어졌다. 그리고 망설임 없이 방아쇠를 당겼다.

모든 것이 틀어졌다는 것을 직감한 지아는 두 눈을 질끈 감았다. 한별과 페르디난트도 잠시 후면 벌어질 참극을 예상하며 눈을 감았다.

비단 그들뿐이 아니었다. 서로의 심장에 총을 겨눈 스웨덴과 신성로마제국 양쪽의 병사들 역시 또다시 시작될 전투를, 곧 닥쳐올 죽음을, 그리고 두 번 다시 만나지 못할 가족의 얼굴을 떠올리며 눈길을 다른 쪽으로 돌렸다.

파앗!

동시에 작은 파열음이 들렸다. 하지만 모두의 예상과 달리 총성이 아니었다.

지아가 가장 먼저 감았던 눈을 떴다. 그리고 새하얀 눈 위에 점점이 떨어진 붉은 핏물을 보았다. 떨어지는 피는 그치지 않고 점점 더 많이, 그리고 빨라지고 있었다. 시선을 위로 들자 비로소 카를과 껴안듯 바

싹 붙어 선 채 그의 총을 꽉 움켜쥔 크리스티나의 뒷모습이 보였다. 피는 그녀의 허리에서 쏟아져 내리고 있었다.

"크리스!"
지아의 찢어지는 듯 날카로운 비명에 모든 사람들의 시선이 집중되었다. 그들의 눈에도 온통 피범벅이 된 크리스티나가 보였다. 그리고 그제야 어째서 총성이 울리지 않았는지 알게 되었다.
모든 사람들이 놀랐지만 가장 놀란 사람은 카를이었다. 총을 쥔 손에 힘이 빠질 정도였다.
"너어…! 어째서?!"
"아직 해가 지지 않았어. 아직 안 돼…."
힘 빠진 카를의 손에서 총을 빼앗으며 고통으로 잔뜩 일그러진 얼굴의 크리스티나가 말했다.

불덩이처럼 붉게 변한 태양은 주변 하늘을 온통 주홍빛으로 물들이며 서서히 지평선 아래로 가라앉고 있었다. 해가 점차 사라짐에 따라 주변은 주홍색에서 타는 듯한 붉은색으로, 빛나는 황금색으로, 또다시 은은한 보라색으로 물들다가 마침내 어두워졌다.
언덕 위의 모든 사람들은 마치 해가 지는 것을 처음 보는 사람들처럼 숨을 죽이며 시시각각으로 변하는 하늘을 바라보았다. 그리고는 마침내 완전히 태양빛을 잃은 주변이 어둑어둑해지자 참았던 숨을 토해 냈다.
뎅~ 데엥~

침묵이 내려앉은 오스나브뤼크의 폐허 위로 종소리가 들렸다. 멀리 어느 교회에서 들리는 듯한 낮고도 울림 있는 그 소리에 스웨덴 병사들은 비로소 정신을 차렸다. 그리고는 서로의 얼굴을 바라보았다. 그들은 정말 총성 하나 없이 온전히 성축일을 보낸 것이다. 일순간 모든 사람들의 시선이 크리스티나와 페르디난트에게로 쏟아졌다.

페르디난트는 그들의 시선 속에서 크리스티나가 비로소 스웨덴의 진정한 황자로 인정받았음을 알 수 있었다.

'하긴 자기들을 살리기 위해 몸을 던지는 황자를 또 구하기 어렵겠지.'

그의 생각을 크리스티나의 음성이 가로막았다.

"해가 졌으니 약속대로 나와 종전 협상을 해요."

그리고는 아직도 피가 흐르는 옆구리를 움켜쥐고 비틀거리며, 무너진 잔해 사이로 보이는 평평한 돌 위에 걸터앉았.

곧 죽을 것 같은 상처를 입어 놓고도 돌 위에 쌓인 눈까지 털어 내는 그녀의 모습에 페르디난트는 질렸다는 듯 고개를 흔들며 맞은편에 앉았다. 그리고는 미리 준비해 놓은 듯 품속에서 돌돌 말린 종이를 꺼내 펼쳤다. 지난밤, 한별이 가지고 온 협상문의 초안에 그의 의견을 더한 것이었다.

"이렇게 될 줄 알았으면 아예 서명까지 해 오는 건데 그랬어."

페르디난트가 미소 띤 얼굴로 말했다. 고통으로 일그러졌던 크리스티나가 피식 웃었다.

"안 돼… 이건 사기야. 그래, 이건 사기야! 사기라고!"

크리스티나의 갑작스러운 행동에 놀라 잠시 멍하니 서 있던 카를이 비로소 정신을 차린 듯 외쳤다. 그리고는 크리스티나와 페르디난트를 막기 위해 달려가려고 했다.

하지만 그보다 그의 주변 병사들이 먼저 움직였다. 그들은 슬쩍 몸을 움직여 카를의 앞을 완전히 가로막았다.

카를이 소리쳤다.

"비켜! 비키란 말이다! 내 말 안 들려?"

하지만 병사들은 비켜서지 않았다. 오히려 더 많은 병사들이 스리슬쩍 끼어드는 바람에 카를은 자신의 의지와는 상관없이 뒤로 자꾸만 밀려났다.

"이것들이! 다 죽고 싶어?"

분노한 카를이 허리춤을 더듬었다. 얼떨결에 빼앗긴 총 대신 칼을 뽑아 들려는 것이었다. 하지만 그런 그의 어깨를 사납게 움켜쥐고 돌려세우는 손이 있었다. 한별이었다.

"이 녀석! 감히 크리스티나를 때리고, 총질까지 했겠다?"

화가 머리끝까지 났음을 증명이라도 하려는 듯 한별은 주먹을 불끈 쥐었다. 꽉 움켜쥔 주먹 위로 하얀 뼈가 도드라졌다. 그리고 다음 순간 그의 주먹이 카를의 얼굴에 작렬했다.

뻐억!

"끄윽!"

카를은 비명도 지르지 못하고 그대로 뻗어 버렸다. 하지만 그 주위에 서 있던 스웨덴 병사들은 총사령관이 얻어맞는데도 아무것도 못 본

척 시선을 허공으로 돌렸다.

그런 병사들의 반응에 지아가 피식 웃었다. 그리고는 한별의 귓가에 작게 속삭였다.

"잘했어."

"와아아아!"

그때 병사들의 입에서 함성이 터졌다. 여기저기 섞인 많은 인파로 인해 잘 보이지 않았지만 크리스티나와 페르디난트가 협상을 체결했다는 것을 알 수 있었다.

암흑과도 같았던 긴 전쟁이 그들의 눈앞에서 마침내 끝을 보이기 시작했다는 사실에 흥분한 병사들의 함성은 좀처럼 끝나지 않았다. 아니, 그것은 점점 더 커져 도시 전체를 뒤흔들었다.

병사들의 열띤 함성은 정신을 잃었던 카를에게도 들렸던지 깨어나려는 듯 꿈틀거렸다. 지아가 재빨리 그의 등을 힘껏 밟아 버렸다. 한별은 그런 지아를 보며 큰 소리로 웃었다.

"하하하!"

병사들의 함성은 점점 더 커져 갔다. 동시에, 가벼운 정전기가 심장을 건드린 것 같은 짜릿한 흥분감이 밀려들어 지아는 가슴 속에 쌓아두었던 것들을 모조리 쥐어 짜낸 듯 커다랗게 소리를 질렀다.

"와아아아!"

병사들의 함성 소리에 섞인 지아의 외침이 한별에게까지 들렸다. 돌아보니 지아가 환하게 웃고 있었다. 전에 본 적이 없는 지아의 반짝이는 미소에 한별의 가슴이 쿵쿵, 뛰었다.

크리스티나의 선택, 그리고 웃으며 안녕

    스웨덴을 돕기 위해 뒤늦게 오스나브뤼크로 향하던 프랑스 군대는 오스나브뤼크로 가는 길목인 뮌스터에서 허무하게 발길을 돌릴 수밖에 없었다. 그도 그럴 것이 전쟁을 벌이는 당사자 간에 종전 협상이 체결되었던 것이다.

    이들 외에도 허망하게 뒤돌아선 한 사람이 더 있었다. 카를이었다. 오스나브뤼크의 대전투에 모든 것을 걸었던 카를은 중간에 등장한 크리스티나에게 주인공 역할을 빼앗기는 바람에 스웨덴으로 돌아갔다. 자신의 의지와 상관없는 반강제적인 것이었다. 모든 병사들이 크리스티나 쪽으로 돌아섰기 때문이었다.

    처음에는 병사뿐이었지만 협상문의 구체적인 세부 사항이 공개되자 귀족마저 하나 둘 크리스티나를 옹호하기 시작했다. 그들은 오랜 세월

잃기만 하던 전쟁 때문에 거의 파산 직전이었다. 그런 그들에게 협상문에 명시된 거액의 전쟁배상금과 새로 차지하게 될 영지는 거부할 수 없는 달콤한 유혹이었다.

게다가 명분 또한 크리스티나에게 있었다. 누가 뭐라고 하더라도 크리스티나는 전 구스타프 황제의 적자이자 스웨덴의 유일한 황위 계승자였다. 귀족들은 재빨리 카를에게서 등을 돌렸다. 여기까지는 지아가 예상했던 그대로였다.

하지만 그 과정에 엉뚱한 사람 하나가 끼어들었다. 무시할 수도 없을 만큼 엄청난 거물이었다.

"그런데 왜 여기 눌러 계시는 겁니까, 폐하?"
"에이, 우리 사이에 왜 그래? 딱딱하게 폐하라고 부르지 말고 루이라고 불러."
"좋아요. 그럼 루이, 그러니까 왜 여기 있는 거냐고요?"
"그야 크리스 황자에게 첫눈에 반했으니까. 난 아름다운 사람을 좋아하거든."

한별의 살기 넘치는 눈빛을 태연히 받아넘기며 크리스티나를 빤히 바라보는 루이가 바로 그 골칫덩이였.

한별은 그의 얄미운 미소에 주먹을 불끈 쥐었지만 차마 내뻗지는 못했다. 그의 정체는 바로 프랑스의 황제 루이 14세였던 것이다.

그들이 있는 곳은 오스나브뤼크에서 남쪽으로 조금 떨어진 작은 도시, 뮌스터의 시청사였다. 시장 겸 영주는 갑작스레 들이닥친 유럽에서 가장 막강한 황제들과, 이제 곧 황제가 될 크리스티나를 보자마자 기절할 듯 놀라며 잽싸게 시청 건물을 비워 주었다. 덕분에 일행은 정말 오랜만에 맘 편히 쉴 수 있었다.

하지만 마냥 편하지만은 않았다. 협상에 대한 소문을 들은 네덜란드, 스위스, 폴란드 등 유럽 각지의 왕실에서 자신들도 협상에 동참하겠다며 사신을 보내왔던 것이다. 그들 역시 내심 전쟁을 끝낼 구실만을 찾고 있었던 참이었다. 덕분에 독일의 한적한 시골 마을 뮌스터의 시장은 연일 밀려드는 거물 손님들로 눈이 핑핑 돌 지경이었다.

그 모든 과정이 끝날 때 즈음, 스웨덴 군대는 항구를 통해 자국으로 돌아갔고, 신성로마제국의 병사들 또한 조국의 품을 향해 유럽 각지로 흩어졌다.

뮌스터 시청에는 부상을 치료하기 위해 남은 크리스와 지아, 한별, 그리고 페르디난트가 전부였다. 그런 네 사람 사이에 평화 협상의 증인을 자처하면서 루이 14세가 눌러앉은 것이다.

"이미 많은 사람들이 협상문을 가지고 유럽 각지로 떠났어요. 지금에 와서 굳이 증인은 필요 없을 것 같은데요."

크리스티나가 곤란한 얼굴로 도움을 청하자 지아가 싸늘한 목소리로 말했다. 하지만 루이는 조금 놀란 듯 눈을 동그랗게 떴다가 이내 어깨를 으쓱였다.

"거참, 똘똘한 아가씨네. 그럼 나도 협상의 당사자가 되지, 뭐."

루이의 말에 이번에는 페르디난트가 눈살을 찌푸렸다.

"무슨 말이요?"

"나와 평화 협상을 하자고. 우리끼리도 풀어야 할 문제들이 좀 있잖소. 기왕이면 확실한 게 좋지."

그렇게 말한 루이는 페르디난트가 대답할 시간도 주지 않고 어디선가 잉크와 펜, 종이를 찾아와 협상문을 쓰기 시작했다.

그의 재빠름에 다른 사람들은 혀를 내둘렀다. 이리하여 프랑스의 부르봉 왕가와 합스부르크 왕가 간의 뮌스터 협상은 얼렁뚱땅 시작되었다. 오스나브뤼크 협상과 함께 베스트팔렌 조약이라고 불리는 협상이었다.

시작은 엉뚱했지만 과정은 꽤나 진지했다. 풀어놓고 보니 오랜 전쟁 동안 뺏고 빼앗겼던 영지 문제, 엉망으로 뒤엉킨 국경 문제, 양국에 억류된 포로들, 전쟁배상금, 무엇보다 예민한 종교 문제까지 프랑스와 합스부르크 왕가 사이에 풀어야 할 문제가 적지 않았다.

루이는 능글맞은 조금 전과는 전혀 다른 사람이라도 된 듯 양국 사이에 엮여 있는 현안들을 조목조목 짚어 냈다. 대놓고 말하기 껄끄러운 돈 문제에서는 닳고 닳은 장사꾼처럼 흥정을 하기도 했다. 맞은편에 앉은 페르디난트도 능수능란한 정치인이었지만 루이의 현란한 언변 앞에서는 그저 입만 떡 벌릴 뿐이었다. 게다가 양보할 것은 깔끔히 양보하는 바람에 페르디난트가 고쳐야 할 협상 문구도 거의 없었다.

한별도, 지아도, 크리스티나도 기가 막힌다는 눈으로 루이의 원맨쇼를 지켜보았다.

그러는 사이 루이는 장문의 협상문을 완성했다. 잠깐 사이에 적어 내려간 것이라고 믿기 힘들 정도로 길고 빈틈없는 문장이었다.

루이는 그런 일행의 시선을 즐기듯 극적인 몸짓으로 협상문 가장 아래에 서명했다. 그리고 그것을 마치 무슨 깃발처럼 자랑스럽게 펄럭였다.

"모두들 봤지? 나도 이제 평화 협상의 당사자야. 그러니 여기 있어도 된다고."

루이는 서명을 끝낸 협상문을 페르디난트의 앞에 던지듯 밀어주고 다시 크리스티나의 맞은편에 자리를 잡았다. 그리고는 특유의 능글맞은 미소를 지으며 크리스티나를 바라보았다. 루이의 노골적인 눈길에 무안해진 크리스티나는 얼굴을 붉히며 고개를 돌렸다.

참다못한 한별이 버럭 소리쳤다.

"이봐요! 크리스는 남자라고요. 당신, 취향이 독특한 거 아니에요?"

하지만 루이는 끄떡도 하지 않았다.

"사랑에는 남자, 여자가 따로 없어. 난 이 시대의 마지막 로맨티스트거든."

마치 연극배우처럼 과장되게 팔을 휘두르는 루이를 보며 한별은 질렸다는 듯 뒤로 벌렁 넘어갔다.

루이에게서 크리스티나를 구한 사람은 지아였다.

"붕대 갈러 가자."

지아의 말은 핑계가 아니었다. 카를의 총알은 다행히 크리스티나의 옆구리를 빗맞추었다. 하지만 상처가 가볍지는 않아 시간마다 붕대를 갈아 주어야 했다. 크리스티나는 그 순간 자신이 다쳤다는 것에 감사하며 지아를 따라 일어섰다.

둘이 나가자 눈치를 보던 한별이 돕겠다며 재빨리 따라나섰다. 그러자 페르디난트도 벌떡 일어섰다.

루이 역시 슬그머니 그 뒤를 따랐다.

지아는 크리스티나를 도와 붕대를 풀고 상처를 닦아 주었다. 벌써 여러 날이 지났지만 여전히 상처는 꽤 컸다. 설사 상처가 아문다 하더라도 흉터는 평생 지워지지 않을 것 같았다. 지아는 자기도 모르게 눈살을 찌푸렸다.

"너무 무모했어. 죽었을지도 모른다고. 이렇게 살아있는 게 기적이다."

타박하는 말투였지만 그 아래에 깔린 것이 애정이라는 것을 알고 있기에 크리스티나는 미소 지었다.

"헤헤. 너만큼 무모하려고. 그때 수만 명의 병사들이 몰려왔을 땐 정말 머릿속이 하얗게 변했었다고. 그때 네가 나서지 않았더라면 아마 모든 게 물거품이 되어 버렸을 거야."

피식 웃던 크리스티나가 갑자기 정색을 하며 말했다.

"고마워."

지아는 머쓱한 표정으로 중얼거렸다.

"고맙긴… 빚을 갚은 거지. 내 말실수 때문에 위험에 처했었잖아."

"언제? 아아… 그런 건 벌써 잊었어. 너도 이제 신경 쓰지 마."

"한별이는 그 사실을 절대 잊지 않을 거야."

지아의 얼굴이 어두워지자 붕대를 감던 크리스티나의 손이 잠깐 멈칫했다. 그리고는 피식 웃었다.

"한별이는 그런 거 기억도 못할걸?"

"그, 그럴까?"

"지아, 너 솔직히 말해 봐. 한별을 좋아하지?"

크리스티나가 문득 물었다. 장난기가 가득한 음성이었다.

"누, 누가 그런 멍청이를! 귀찮아 죽겠어."

잠시 딴 생각에 빠져 있던 지아가 소스라치게 놀라 소리쳤다.

"한별이는 너 많이 좋아해."

다시 한 번 반박하려던 지아는 크리스티나의 말에 멈칫 되물었다.

"응? 뭐라고?"

"너 없어졌을 때, 네 걱정으로 거의 제정신이 아니었어."

잠시 기쁜 듯 얼굴을 붉히던 지아가 피식 웃으며 고개를 저었다.

"모르는 소리. 한별이가 좋아하는 건 너야. 정신을 잃고 있으면서도 네 이름만 불러댔다고."

이번에는 크리스티나의 얼굴이 슬쩍 붉어졌다. 그리고는 이내 웃음을 터뜨렸다.

"호호호! 우리 되게 웃긴다. 보통은 서로 자기를 좋아한다고 우겨야 하는 거잖아?"

지아도 따라 웃으며 말했다.

"큭큭… 그러게. 그나저나 이거 재밌다. 꼭 여자애들끼리 수다 떠는 것 같아."

지아의 말에 크리스티나가 대답했다.

"어머, 이거 수다 맞아. 우린 여자애들이고."

웃음은 이내 잦아들었지만 미소는 여전히 남았다. 지아가 무슨 큰 비밀을 털어놓듯 말했다.

"나 여자애들하고 별로 안 친해. 사실은 친구라고는 한별이 하나뿐이야. 그런데 수다라는 거 의외로 유쾌하네."

"나도 마찬가지야. 넌 한별이라도 있지만 난 어머니와 파올라뿐이었거든. 두 사람 모두 친구라고 하기엔 조금 무리가 있지."

잠시 미소를 짓던 크리스티나가 말했다.

"난 한별이도 좋지만 너도 무척 소중한 친구야. 거울에서 처음 봤을 때부터 말이야."

크리스티나가 손을 내밀었다. 지아는 그 손을 잡지 않았다. 대신, 머뭇머뭇하면서 크리스티나의 어깨를 껴안아 주었다.

"나도 네 친구가 되어서 너무 기뻐."

"들려?"

"쉬잇! 하나도 안 들려… 응?"

문에 한쪽 귀를 바싹 붙이고 있던 한별은 잔뜩 목소리를 죽여 대답하려다가 문득 뒤쪽을 째려보았다. 그러자 자신과 마찬가지로 벽에 귀를 붙인 루이와 페르디난트가 보였다.

한별이 소리 죽여 으르렁거렸다.

"이 두 황제들이 진짜! 볼일 다 봤으면 좀 가요. 무슨 황제들이 이렇게 한가해?"

"흠흠, 갈 거야. 그런데 진짜 안 들려?"

"안 들린다니까. 으윽, 그러니까 그게 중요한 게 아니고… 으악!"

"으악!"

한별이 비명을 지르자 루이와 페르디난트도 따라서 비명을 질렀다. 벌컥 열린 문 밖으로 무시무시한 표정의 지아가 걸어 나오고 있었다. 갑작스레 벌어진 상황에 당황한 세 남자는 할 말을 잃고 일제히 고개를 푹 숙였다.

지아는 한심하다는 듯한 눈길로 한별을 째려본 후, 루이와 페르디난트를 역시 매섭게 쏘아보았다.

"지금 즉시 떠나지 않으면 크리스의 대관식 초청장은 구경도 못 할 줄 알아요."

지아의 그 한마디로 페르디난트와 루이는 다음 날 즉시 각자의 나라로 돌아갔다. 대관식에 꼭 참석하고 싶다는 말을 남기고서.

그리고 한 달 뒤, 크리스티나의 상처가 여행이 가능할 정도로 호전되자 지아와 한별도 크리스티나와 함께 스톡홀름행 배에 몸을 실었다.

스웨덴의 수도인 스톡홀름은 발트 해와 맞닿은 항구 도시로 전체가 섬과 섬으로 연결된 수상 도시였다. 얼음이 간간히 떠 있는 차가운 바다를 건너 스톡홀름의 전경이 보이자 셋은 감탄사를 터뜨렸다. 고풍스러운 다리로 연결된 거대한 돌섬 위로 아름다운 석조 건물들이 마치 예술작품처럼 서 있었기 때문이었다.

도시 전체가 아름다웠다. 그 중에서도 주변의 건물들을 압도하며 매서운 바다를 내려보는 듯 웅장한 왕궁 건물은 보는 사람들로 하여금 절로 숨을 삼키게 했다. 한별과 지아 그리고 크리스티나 역시 코끝이 시리도록 추운 바닷바람을 맞으면서도 갑판 위에 서서, 점차 가까워지는 아름다운 북구의 도시에서 눈을 떼지 못했다.

항구에 내리자 왕궁의 마차와 호위 병사들, 그리고 많은 귀족들이 기다리고 있었다. 그리고 그보다 수백, 수천 배는 많은 백성들의 열렬한 환호가 있었다.

항구에서 궁으로 가는 길은 온통 축제 분위기였다. 사람들은 저마다 가장 좋은 옷을 입고 나와 마차를 향해 손을 흔들었다. 30년 만에 찾아온 평화에 스톡홀름 전체가 축제 전야처럼 들떠 있었다.

이윽고 마차는 왕궁에 도착했다. 이미 많은 사람들이 늘어서서 그들을 환영해 주었다. 크리스티나는 그 얼굴 중 낯익은 얼굴을 발견하고는 깜짝 놀란 듯 눈을 크게 떴다. 아름다운 드레스를 입고 계단을 내려오는 귀부인은 바로 작년 겨울에 헤어졌던 마리아 왕후였다.

"어머니!"

크리스티나의 두 눈에 금세 감격의 눈물이 고였다.

기대와 흥분 속에서 맞은 스톡홀름의 첫 밤이 지나고 마침내 대관식의 날이 밝았다. 왕성과 광장을 마주한 교회는 수백 개의 촛불을 밝힌 샹들리에와 그 빛을 반사하는 크리스털 장식으로 인해 온통 빛으로 넘쳐났다.

내부는 사람들로 북적였다. 모두가 대관식을 위해 유럽 각지에서 몰려든 귀빈들이었다. 그들은 낮은 목소리로 두런두런 이야기를 나누고 있었다. 토론의 주제는 물론 얼마 전에 맺은 베스트팔렌 조약이었다.

사람들은 오스나브뤼크와 뮌스터의 협상을 합쳐서 베스트팔렌 조약이라는 이름을 붙였다. 베스트팔렌의 지명이 핏빛 대지의 이름에서 평화의 대명사로 바뀐 것이다.

대부분의 유럽 국가가 조약의 당사자들이었던 까닭에 대관식에 참석한 손님들은 모두 자국을 대표하는 사절이나 마찬가지였다.

그들은 서로 얻은 것과 잃은 것을 비교하며 의견을 나누었다. 말은 많았지만 대다수 사람들의 표정은 전쟁이 끝난 것만으로도 만족스러운 듯 밝은 표정이었다.

그들 중 가장 많은 관심을 받은 것은 단연 페르디난트와 루이 14세였다. 맨 앞줄에 나란히 앉은 두 황제는 마치 오랜 친구처럼 밝은 얼굴로 이야기를 나누었다. 불과 한 달 전까지만 해도 서로 죽이지 못해 안달인 사이였다는 것을 믿기 힘들 정도여서 사람들은 고개를 갸웃거렸다.

귀빈석에서 약간 비켜난 곳에 앉은 마리아 왕후 또한 사람들의 주목을 받았다. 그녀가 카트리나에 의해 반강제로 유배당했었다는 것이 이제야 널리 알려졌기 때문이었다.

비록 중년의 나이였지만 여전히 눈부신 미소를 가진 그녀의 모습에 페르디난트와 루이는 내심 감탄했다. 그리고 동시에 고개를 끄덕였다.

'크리스가 어머니를 빼다 박았군.'

'도저히 남자로 보이지 않은 이유가 있었어.'

하지만 교회 안에 모인 모든 사람들이 기쁜 것은 아니었다. 마리아 황후의 옆에 앉은 카트리나와 카를은 시종일관 입을 꾹 다문 채 굳은 얼굴이었다. 두 사람은 순전히 왕실의 일원이라는 의무 때문에 자리를 지키고 있을 뿐이었다.

이윽고 장중한 파이프오르간 소리가 교회 안에 울려 퍼졌다. 마침내 크리스티나의 대관식이 시작된 것이다. 모든 사람들이 동작을 멈추고 입구 쪽으로 고개를 돌렸다.

하지만 다음 순간, 사람들의 입에서 일제히 숨넘어가는 경악성이 튀어나왔다. 기다리던 황자 대신 화려한 드레스와 보석으로 치장한 여인이 걸어 들어오고 있었기 때문이었다.

"뭐, 뭐야?"

"저 아가씨는 대체 누구야?"

몇몇 사람들은 놀란 나머지 자리에서 벌떡 일어섰다. 그 바람에 의자가 요란하게 넘어졌지만 신경 쓰는 사람은 아무도 없었다.

다른 사람들처럼 눈을 가늘게 뜨고 크리스티나의 얼굴을 살피던 카트리나가 비명처럼 소리를 질렀다.

"설마 크리스 황자?!"

카트리나의 외침에 모든 사람이 충격에 빠진 듯 눈을 부릅떴다. 대관식을 주제할 노주교와 장엄한 음악을 연주해야 할 파이프오르간 연주자, 합창단마저도 입을 쩍 벌렸다. 주교의 옆에 왕관을 들고 서 있던 악셀 수상은 심지어 왕관을 떨어뜨릴 뻔했다.

오직 한 사람, 마리아 왕후만이 웃음으로 크리스티나를 맞아 주었다.

충격에 빠진 사람들 사이로 깔린 붉은 카펫을 걸으며 크리스티나는 웃음을 참으려 입술을 깨물었다. 왕관을 쓰는 순간만큼은 나 자신을

솔직히 보이고 싶다는 말에 지아가 한 대답이 생각나서였다.

"모두들 기절할걸? 심장마비로 누군가 죽을지도 몰라."

그렇게 말하면서도 지아는 크리스티나의 새하얀 피부와 검은 머리에 잘 어울리는 오렌지 빛깔의 드레스를 골라 주었다. 화장을 해 주고 머리도 꾸며 주었으며, 드레스와 잘 어울릴 화려하고 붉은 루비 목걸이를 골라 준 것도 지아였다.

결과는 대성공이었다. 자신 또한 거울 속에 비친 자신을 아름답다고 느낄 정도였으니까.

루이와 페르디난트도 잘 익은 사과처럼 붉어진 얼굴로 중얼거렸다.

"맙소사… 여자였어?"

"역시 남자치고는 너무 예뻤어."

2층 발코니에서 아래를 내려다보던 한별도 얼이 빠진 얼굴이 되기는 마찬가지였다. 바보같이 입을 헤벌린 한별의 얼굴이 우스워 지아는 피식 웃었다. 하지만 무언가가 가슴 한쪽을 쿡쿡 찌르는 것 같은 느낌은 어쩔 수가 없었다.

"하긴 뭐, 내가 봐도 진짜 예쁘다."

지아는 잠시 쓴웃음을 짓더니 합창단 지휘자의 옆구리를 쿡 찔렀다.

"아저씨, 대관식 진행하셔야죠."

그러자 그때까지 멍한 얼굴이었던 그는 화들짝 놀라 미친 듯 팔을 휘둘렀다. 그 신호에 맞추어 합창단이 다시 화음을 만들었고, 파이프오르간 연주자도 건반을 두드렸다. 그제야 사람들도 하나 둘 잠에서 깬 듯 정신을 차렸다.

그러는 사이 크리스티나는 벌써 긴 카펫을 지나 노주교의 앞에 도착해 있었다. 뒤늦게 제정신으로 돌아온 노주교가 수상의 손에서 왕관을 집어 들었다. 하지만 여전히 머뭇거리며 물었다.

"그, 그대가 정말 크리스 황자 맞소?"

크리스티나는 그의 말에 빙긋 웃으며 마리아 왕후를 돌아보았다.

"어쩌죠? 안 믿으시는데."

"주교님, 그 아이는 크리스 황자이자 나의 딸인 크리스티나랍니다. 이젠 황자가 아니라 황녀라고 불려야 하겠지만요."

마리아 왕후가 미소 지으며 말했다. 그제야 주교는 왕후에게서 몸을 돌리고, 자신의 앞에 한쪽 무릎을 꿇은 크리스티나의 풍성한 머리 위에 들고 있던 왕관을 씌워 주었다.

왕관을 쓴 크리스티나는 몸을 바로 세우고 왕좌로 이르는 계단을 올랐다. 그리고 사람들 쪽으로 돌아섰다. 빛나는 왕관을 쓴 그녀는 더욱 완벽해 보였다. 그녀의 낭랑하면서도 힘 있는 목소리가 조용한 교회 내부를 울렸다.

"돌아가신 전 황제 구스타브 2세와 왕후 마리아 엘레오노라 폰 브란덴부르크의 딸인 나, 크리스티나 알렉산드라는 지금 이 순간 스웨덴의 국왕이 되었음을 선포하는 바입니다."

크리스티나는 잠시 말을 멈춘 뒤 페르디난트와 루이를 비롯하여 유럽 각지에서 모여든 사람들의 얼굴을 차례로 돌아보았다.

"지난 1년간 유럽을 돌아보며 제가 원한 것은 단 하나였습니다. 평화가 바로 그것입니다. 더 이상 사람들이 전쟁 때문에 고통 받지 않는 것, 그것뿐이었습니다. 그리고 그것은 여러분이 오늘 이렇게 한 자리에 모여주신 것으로, 나의 바람은 현실이 되었습니다."

사람들은 고개를 끄덕였다. 그들 중 누구도 불과 몇 달 전까지만 하더라도 적이었던 사람들과 이렇게 나란히 앉을 날이 올 것이라고는 상상하지 않았다.

크리스티나의 말이 이어졌다.

"아시다시피 전 오랫동안 궁에서 떨어져 살았습니다. 그런 까닭에 정치를 알지도 못하고, 나라를 통치하는 방법도 배우지 못했습니다."

크리스티나의 의외의 발언에 장내는 다시 술렁였다.

"무슨 말을 하려는 거지?"

카를 또한 의아한 표정으로 크리스티나의 다음 말을 기다렸다. 그리고 바로 그 순간 크리스티나가 그를 향해 돌아섰다.

"그래서 지금 나에게는 한 사람의 도움이 절실히 필요합니다. 그동안 나를 대신하여 스웨덴을 이끌었던 나의 사촌, 나의 친구이자 충성된 신하 카를 구스타프, 나의 앞으로 나오라."

크리스티나가 자신의 이름을 부르자 카를은 흠칫 놀랐다. 하지만 이내 체념한 듯 느린 걸음으로 앞으로 나갔다.

'난 이제 그녀의 신하일 뿐이지.'

불편한 심정이 그대로 드러난 그의 얼굴을 보는 크리스티나의 머릿속은 복잡하게 얽혀 들었다. 미움과 원망은 여전히 앙금처럼 남아 있었다. 하지만 그 앙금 위로는 새로운 감정이 덧입혀 있었다. 연민과 안타까움이 그것이었다. 크리스티나는 그것을 느끼고 있었다. 카를은 구스타프 황제를 마음 깊이 숭배했으며, 그가 했던 모든 일들이 비록 옳지 않았지만 스웨덴을 위한 진심이었기 때문이었다.

그리고 지금까지 악셀 수상과 더불어 스웨덴을 통치했던 그의 경험은 그녀가 가지지 못한 값진 경험이었다. 전쟁이 끝난 지금 하루빨리 전후의 상처를 벗어나야 하는 스웨덴에 필요한 것은 서툰 자신보다는 오히려 카를이라는 것 또한 도저히 외면할 수 없는 현실이었다.

크리스티나는 자신의 앞에 선 카를의 눈을 바라보며 말했다.

"카를 구스타프, 너의 스웨덴에 대한 사랑을 의심하는 사람은 아무도 없을 거야. 나 또한 네가 진심을 믿어."

"감사합니다."

카를은 크리스티나가 난데없이 자신을 칭찬하자 떨떠름한 표정으로 고개를 숙였다. 그 떨떠름한 표정이 경악으로 바뀌는 데는 그다지 오랜 시간이 걸리지 않았다.

"그래서 지금 이 순간 나는, 너를 나의 뒤를 이어 스웨덴을 통치할 후계자로 지명하겠어. 이후에도 지금 이 순간을 오래도록 기억해서 평화를 지키는 황제가 되길 바라."

"뭐…?!"

말을 마친 크리스티나는 머리 위로 손을 올려 바로 전 주교로부터 받았던 왕관을 벗었다. 그리고는 놀라 고개를 번쩍 치켜든 카를의 머리 위에 씌워 주었다.

교회 안에 모인 사람들은 연이은 충격으로 이제 정말 제정신이 아닐

정도였다. 황자가 여자로 바뀌었다가 이제 국왕 자리마저 내놓고 있었던 것이다. 사람들은 크리스티나의 말을 어떻게 받아들여야 할지 모르겠다는 듯 눈만 깜빡거렸다.

카트리나의 얼굴은 충격과 감격, 지난 세월에 대한 회한이 뒤섞였다. 의식하지 못하는 사이 눈물이 넘쳤다.

그런 그녀의 손을 잡는 손이 있었다. 마리아 왕후였다. 크리스티나가 카를에게 했듯이 먼저 화해의 손길을 내민 것이다.

무엇보다도 가장 놀란 사람은 카를이었다. 이제 모든 것이 다 틀렸다고 생각한 순간, 자신이 평생 꿈꾸었던 것이 손안에 넝쿨째 굴러 들어온 것이다.

"어째서… 어째서 나에게 왕관을 양보하는 거지?"

벼락이라도 맞은 듯 충격에 빠진 카를의 어깨를 크리스티나가 가볍게 안았다. 그리고 툴툴거렸다.

"고맙지? 어렵게 얻은 걸 내놓은 거니까 당연히 고마워해야지. 그러니까 괜히 전쟁을 일으키거나 폭군이 되면 다시 뺏으러 올 거야."

"뭐?!"

"쉬잇! 남들이 보잖아. 우린 지금 무척 사이좋은 사촌이라고."

태연하게 웃는 크리스티나와는 달리 카를은 혼이 쏙 빠져나갈 지경이었다.

"너, 미쳤니?"

"아니. 스웨덴의 왕관을 가장 효과적으로 사용할 사람이 바로 너라는 것을 이젠 인정하는 거야. 그래서 깔끔하게 물러나는 거고. 그러니

나 대신 잘 부탁해, 후계자."

 낮은 목소리였지만 주교의 바로 옆에 서 있던 악셀 수상의 귀에는 뚜렷하게 들려왔다. 그리고 그는 처음으로 자신의 선택에 의문을 가졌다. 야망 넘치고 교활하리만큼 영리한 카를보다 스웨덴을 위해 과감하게 왕관을 포기할 정도로 현명하고 사려 깊은 크리스티나야말로 진정 왕의 재목이 아닐까 하는 생각이 잠깐 그의 머릿속을 스치고 지났다.
 하지만 이미 왕관은 그녀의 손을 떠난 뒤였다. 아쉬운 듯 그의 눈길이 오랫동안 크리스티나에게 머물렀다.

"하여튼 화끈하다니까. 자신 없으면 카를에게 넘기라고 말은 했지만 이 자리에서 바로 넘길 줄은 몰랐다."
 지아가 질렸다는 듯 고개를 내저었다. 하지만 대답해야 할 한별은 여전히 몽롱한 눈길로 크리스티나를 뚫어져라 바라볼 뿐이었다. 잠시 한별의 옆모습을 바라보던 지아가 머쓱한 표정을 지으며 고개를 돌렸다. 외면하는 그녀의 눈가가 조금씩 붉어졌다.

 모든 사람들의 얼을 쏙 빼놓은 크리스티나의 대관식은 결국 카를 구스타프 10세의 극적인 등극으로 끝이 났다. 귀빈들은 연회도 충분히 즐기지 못한 채 이 놀라운 사실을 알리기 위해 유럽 각지로 흩어졌다.
 왕위를 사양한 크리스티나는 혼란이 가라앉을 정도의 짧은 시간 동안만 스톡홀름에 머물기로 했다. 카를과 상의한 결과였다.
 혼란이 어느 정도 진정되었다고 판단한 어느 밤, 크리스티나와 한별,

지아는 함께 마차에 올랐다. 옆에 서 있는 또 다른 마차에는 마리아 왕후와 파올라가 타고 있었다.

두 대의 마차가 미끄러지듯 출발하자 지아가 크리스티나에게 말했다.

"이제 정말 자유인이로구나."

"응."

"난 불만이라고. 결국 그 얄미운 카를 녀석이 바라는 대로 됐잖아."

한별이 툴툴거렸다. 크리스티나가 그런 한별에게 미소 지었다.

"욕심만으로 왕관을 고집할 수는 없어. 난 그 정도로 어리석진 않아. 지금의 스웨덴은 날 기다려 줄 시간이 없거든. 하지만 여차하면 잔소리하러 갈 거라고. 아마 카를은 앞으로 50년은 내 눈치를 봐야 할 거야."

"쳇… 아무래도 난 마음에 안 들어."

크리스티나가 장난스럽게 눈을 반짝였지만 한별은 여전히 툴툴거리며 창밖으로 고개를 돌렸다. 어둠에 잠긴 궁성과 스톡홀름이 어느새 까마득히 멀어져 있었다. 모두가 잠든 밤 짙푸른 밤하늘에 뜬 보름달만이 배웅을 하듯 마차를 비추었다.

마리아 왕후의 마차는 남쪽으로, 일행의 마차는 북쪽으로 향했다. 미리 약속한 일이었다. 마리아 왕후는 요양을 위해 벨기에로 향하는 길이었다. 반면, 일행은 라플란트의 룰레오 성이 목적지였다. 거울을 찾기 위해서였다.

북쪽으로 갈수록 날씨는 차가워졌다. 그리고 마침내 한 달간의 긴 여행 끝에 룰레오 성이 눈에 보이기 시작하자 일행의 얼굴은 딱딱하게 굳어졌다.

 성은 완전히 불에 타 흉물스럽게 변해 있었다. 내부 또한 온통 화마가 할퀴고 간 상처투성이였다. 떠난 시간은 채 2년도 되지 않았지만 전혀 다른 곳처럼 느껴졌다. 때마침 해마저 지기 시작해 성 안은 흉가처럼 을씨년스러웠다.

 무거운 마음을 안고, 세 사람은 터벅터벅 탑으로 통하는 계단을 올랐다. 이 정도의 화재 속에서 거울이 온전하리라고는 기대할 수 없었다.

 하지만 탑의 꼭대기에 오르자 셋은 거의 동시에 비명을 질렀다. 탑 역시 화재로 엉망이었지만 그 중앙의 거울은 먼지 한 톨 묻어있지 않았다. 마치 누군가 지난 1년 동안 매일 닦은 것 같았다.

 "거짓말…."

 지아가 중얼거리면서 거울 쪽으로 다가갔다. 그 뒤를 역시 어리둥절한 표정의 크리스티나와 한별이 뒤따랐다.

 셋이 거울 앞에 서는 순간 해가 완전히 졌다. 주변은 순식간에 어둠으로 잠겼다.

 하지만 어둠은 이내 물러갔다. 북쪽 하늘에서 난데없이 녹색의 빛줄기가 쏟아지기 시작한 것이다. 극지방의 오로라였다. 탑 안은 순식간에 녹색의 빛으로 가득 찼고, 거울의 반짝이는 표면 역시 녹빛으로 물들었다.

 그리고 그때, 오로라의 신비한 빛에 반응이라도 하듯 거울이 빛나기 시작했다. 한밤중에 빛나는 태양처럼 눈이 멀 정도의 빛이 순간 터져 나왔다.

 "윽!"

세 사람은 잠시 그 눈부신 빛을 피해 고개를 돌렸다. 잠시 후, 빛에 적응이 된 지아가 거울 쪽으로 다시 고개를 돌렸다.

빛이 일렁이는 거울은 마치 이제 돌아갈 때라고 재촉하는 듯했다.

뒤를 돌아보니 한별과 크리스티나가 어깨가 닿을 듯 나란히 서 있었다. 지아가 쓸쓸히 웃으며 말했다.

"아무래도 이제 헤어져야 할 것 같아."

크리스티나는 아무 말도 하지 못한 채 고개를 끄덕였다. 대신 지아가 고백하듯 말하기 시작했다.

"처음 이곳으로 올 때는 두 번 다시 집으로 돌아가지 않겠다고 맹세했어. 그게 내 의지인 줄 알았지. 하지만 그건 결국 도망친 거였어. 이젠, 돌아갈 거야. 자존심 상하잖아. 천하의 나, 한지아가 도망이라니."

크리스티나가 풋, 하고 웃음을 터뜨렸다.

"자존심이라고? 너다운 이유다."

"또 다른 이유도 있어. 너 말고도 새로운 친구를 사귀어 수다도 떨고 싶어. 다른 아이들처럼 말이야."

말을 끝내며 지아가 한별을 돌아보았다.

한별은 이곳에 남아야 할지, 아니면 돌아가야 할지 결정하지 못한 듯 지아와 크리스티나를 번갈아 바라보았다.

지아가 그의 결정을 도와주었다.

"한별이 넌 남아. 좋아하는 사람 옆에 남는 것도 좋겠지."

"지아야…."

"그리고 내내 말하려고 했는데 그만 좀 따라다녀. 스토커냐? 귀찮아 죽을 뻔했다고."

"스토커? 야! 말 다했어?"

혼란스러운 가운데서도 한별이 버럭 소리쳤다.

"하하! 여기서 오래오래 행복하게 살아. 사고 쳐서 역사책에 나오지 말고."

지아는 그런 그에게 크게 웃어주며 그대로 빛 속으로 뒷걸음질 쳤다. 빛은 순식간에 지아를 삼켜버렸다.

"지, 지아야!"

한별이 뒤늦게 외쳤지만 이미 지아의 모습은 사라지고 난 후였다. 크리스티나와 거울 사이에 선 한별의 얼굴에는 혼란스러움이 가득 떠올랐다.

"한별…."

그때, 어깨에 따뜻하고 부드러운 손길이 느껴졌다. 크리스티나였다. 아지랑이처럼 아른거리는 오로라 빛과 거울의 빛이 뒤섞인 공간 속에 서 있는 크리스티나는 그 어느 때보다 더 아름답고 신비로워 한별의 심장이 쿵, 하고 뛰었다.

"난… 나는…."

한별의 입에서 마른 목소리가 흘러나왔다.

"아가씨! 아이고, 어딜 다녀오신 거예요? 얼마나 걱정했다고요."

"어디 다치신 데는 없어요? 유괴는 아니었죠?"

"이럴 게 아니라 병원! 병원부터 가야죠."

거울을 통해 다시 돌아온 지아를 집사와 다른 사람들은 눈물로 맞아 주었다. 그리고 그 가운데서 지아는 뜻밖의 얼굴을 발견했다. 할아버지였다.

"강비서! 어서 준비하지 않고 뭘 꾸물거려?"

할아버지는 지아와 눈이 마주치자 어색한 듯 평소보다 훨씬 더 큰 목소리로 소리를 치며 바람소리가 날 정도로 재빨리 돌아섰다.

집사는 지아에게 한 마디도 건네지 않고 휑하니 떠나는 회장을 못마땅해 했지만 지아는 할아버지가 이 시간까지 집에 남아 있었다는 것만으로도 기뻤다.

하지만 그 기쁨은 그리 오래가지 않았다. 지아의 무사함을 확인한 모두가 방으로 돌아간 뒤 홀로 남겨지자 그 어느 때보다 더 쓸쓸했다.

거울의 빛은 꺼지기 직전인 듯 흐릿했다. 그리고 그 빛은 이내 사라질 터였다.

지아는 씁쓸한 웃음을 지으며 방을 나섰다. 거울의 빛이 완전히 사라진 뒤 찾아올 어둠 속에 홀로 있기 싫어서였다.

어디선가 풀벌레 소리가 들리는 정원은 적막하고 고즈넉했다. 멀리 보이는 도심의 화려한 불빛만이 이곳이 서울의 한가운데라는 것을 말해주고 있었다. 지아는 달이 뜬 밤하늘을 올려다보며 작은 한숨을 내쉬었다.

"후우, 조금 외롭네."

크리스티나의 곁에 남으라고 말은 했지만 내심 한별이 자신을 따라 돌아오지 않을까 하는 작은 기대감이 있었던 것이 사실이었다. 하지만 끝내 한별은 거울 저쪽의 크리스티나를 선택했고 자신은 이제 혼자였다.

잠시 그렇게 달을 올려다보던 지아가 문득 두 주먹을 불끈 쥐었다.

"흥! 강한별, 이 배신자! 어디 나 없는 데서 잘 먹고 잘 살아 봐라. 나도 너 없이 혼자서도 잘 해 나갈 수 있다고. 학교도 다시 가고, 집사 할아버지랑 신나게 소풍도 갈 거라고."

"방금 그 말 정말이지? 정말 학교에 가기로 약속한 거다?"

그때 등 뒤에서 너무나도 귀에 익은 목소리가 들렸다. 지아는 깜짝 놀라 뒤로 돌아섰다.

"너… 너 왜, 아니 어떻게 여기…?!"

"어떻게 오긴. 내 발로 걸어왔지."

한별은 당황해하는 지아의 반응에 재밌다는 듯 싱글싱글 웃으며 말했다. 그 능청스러움에 지아는 결국 화를 내고 말았다.

"내 말은 그게 아니잖아! 크리스티나는 어쩌고 여기 있는 거냐고?"

한별은 머쓱한 듯 뒷머리를 긁적였다.

"돌아가라고 내 등을 떠민 게 크리스티나야. 게다가 나도 네가 신경이 쓰여서 견딜 수가 없었고. 틀림없이 혼자 방에 틀어박혀 울고 있을 것만 같아서 말이야."

"뭐…?"

"이렇게 씩씩하게 결의를 다지고 있을 줄 몰랐지 뭐. 게다가 네 그 까다로운 성깔을 내가 아니면 누가 받아주겠냐?"

달을 등지고 선 한별은 머쓱한 듯 씩 웃었다. 혼자 돌아온 이후 내내 보고 싶던 바로 그 미소였다.

아주 잠깐 동안 지아는 그런 한별이 무척 멋지다고 생각했다. 하지만 이내 고개를 흔들고는 한별에게 홱 등을 돌렸다.

"흥! 시끄러워, 이 배신자."

"너, 너무해! 널 위해서 첫사랑도 모른 척하고 돌아왔는데 배신이라니?"

"그렇게 억울하면 처음부터 냉큼 따라왔어야지."

지아는 자신을 뒤따라오며 열심히 항변하는 한별의 말에 피식피식 웃음이 새어 나왔다. 입술을 깨물어도 웃음기는 완전히 지워지지 않았다.

"이… 야! 너 지금 웃는 거지? 그렇지? 나 놀리는 거 맞지?"

한별이 화를 내면 낼수록 지아는 더욱 웃음을 참기 힘들었다. 가까스로 방에 들어선 지아는 꾹 참았던 웃음을 터뜨렸다. 불이 완전히 꺼진 방 안은 코앞을 가늠하기조차 힘들 정도로 어두웠지만 지아는 더 이상 외롭지도, 쓸쓸하지도 않았다.

"너 계속 놀리면 나 진짜 화낼 거야!"

방문 밖에서는 여전히 한별의 불만 섞인 목소리가 들려왔다.

"집사님! 집사님!"

혼비백산한 하녀의 비명소리에 대저택이 흔들렸다. 집사의 얼굴이 찌푸려졌다. 새벽까지 지아와 한별을 걱정하느라 한숨도 자지 못해 피곤한 까닭이었다.

하지만 하녀는 집사의 찌푸린 얼굴은 보이지도 않는 듯 턱까지 닿은 숨을 간신히 몰아쉬며 말을 쏟아냈다.

"저, 저기… 저기 좀 보세요!"

집사는 찌푸린 얼굴 그대로 하녀의 손짓을 따라 고개를 돌렸다. 다음

순간, 그의 얼굴도 하녀와 똑같이 변해 버렸다. 교복을 입은 지아가 계단을 내려오고 있었던 것이다.

집사는 목에 가시가 걸린 듯 더듬으며 말했다.

"아, 아가씨! 이 시간에 어딜 가시려고?"

"이렇게 입고 갈 데가 학교밖에 더 있어요?"

"그야 그렇지만… 갑자기 왜?"

"학생이니까 당연한 거 아니에요? 그나저나 차는 아직 멀었나요? 오랜만에 가는 거라 늦고 싶지 않은데."

지아가 힐끗 손목시계를 내려다보자 집사는 그제야 허둥대며 주차장 쪽으로 뛰어갔다.

차는 순식간에 준비되었다. 지아는 집사가 열어준 차의 뒷자리로 올라탔다.

"지아야! 같이 가!"

집사가 막 뒷문을 닫으려는 순간 다급한 한별의 외침이 들렸다. 돌아보니 빵 한 조각을 입에 문 한별이 달려오고 있었다. 방금 씻었는지 머리에는 물기가 뚝뚝 떨어지고 단추도 제대로 잠그지 못한 채였다. 돌아보는 지아의 입에 슬쩍 미소가 스쳤다.

"잠꾸러기는 걸어와."

쿵!

지아는 피식 웃으며 직접 차문을 쿵 닫았다.

"으악! 한지아, 너 진짜 치사하게 나올래? 지금 가면 지각이란 말이야. 제발 태워 줘."

집사는 순식간에 멀어지는 차와, 그 뒤를 열심히 쫓아 뛰어가는 한별의 뒷모습을 멍하니 바라보았다. 그러던 어느 순간, 주름진 그의 눈가가 부드러워졌다. 그리고는 정말 오랜만에 소리 내어 웃음을 터뜨렸다.
"하하하!

다음 여행을 기다려 주세요!

Queen Christina Story

스웨덴의 평화를 가져온
크리스티나 여왕의 시대

숲과 얼음의 나라 스웨덴
유럽 최대의 종교전쟁, 30년 전쟁
유럽의 새로운 질서 확립, 베스트팔렌 조약
소년왕 크리스, 그리고 여왕 크리스티나의 일생
크리스티나의 리더십

크리스티나, 스웨덴 근대화의 초석을 다지다

유럽의 몇몇 나라에는 아직까지 왕가가 남아 있고, 스웨덴 역시 그 전통을 이어 오고 있습니다.

스웨덴에 처음 왕가가 세워진 이래로 오늘날까지 많은 왕들이 역사에 이름을 올렸습니다. 그 중 가장 유명했던 인물은 북구의 사자라고 불리며 낙후된 스웨덴을 유럽의 강자의 반열에 올려놓은 아돌프 구스타프 2세와, 그의 뒤를 이어 스웨덴의 경제를 안정시키고 예술·철학 등 문화를 꽃피운 크리스티나 여왕입니다. 특히 크리스티나는 장장 30여 년이라는 시간 동안 유럽을 멍들게 했던 전쟁을 평화적으로 종결지어 전 유럽인들의 사랑을 받는 여왕이지요.

거기에 또 하나, 본문에 나왔듯이 한창 젊은 나이에 스스로 왕위를 물려주어 세상 사람들을 놀라게 하기도 했답니다.

그녀는 왜 스스로 물러났을까요? 꼭 그래야만 했을까요?

이 궁금증을 풀려면 그녀가 사랑했던 스웨덴이라는 나라에 대해 먼저 알아보아야 할 것 같네요.

숲과 얼음의 나라 스웨덴

해마다 연말이면 노벨상 수상식으로 전 세계인의 이목을 집중시키는 스웨덴은 유럽 대륙의 북쪽에 삐죽 튀어나온 스칸디나비아 반도의 국가 중 가장 큰 영토를 가진 나라입니다.

정식 명칭은 스웨덴 왕국(Konungariket Sverige)이며, 스톡홀름을 수도로 하는 입헌군주국입니다. 법적인 공식 언어는 없지만 대부분의 사람들이 스웨덴 어를 모국어로 사용합니다.

전체 인구의 88%가 기독교 신자이지만 로마 가톨릭, 동방정교회, 침례교 또한 활발히 활동하고 있고, 최근 이민으로 인해 이슬람교도 널리 퍼져 있습니다.

위아래로 긴 국토를 가진 스웨덴은 위로는 핀란드, 북서쪽으로는 노르웨이, 그리고 남서쪽으로는 덴마크와 국경을 마주하고 있습니다. 그리고 국토의 동쪽 해안선을 따라 보스니아 만과 발트 해에 닿아 있습니다.

국토의 전체 면적은 45만㎢로 넓은 편이지만 인구는 9백만 명 정도로 그다지 많지 않습니다. 또한 국토의 절반 이상이 울창한 자연 삼림과 9만개나 되는 호수로 이루어진 천혜의 관광지입니다. 특히 얼음으로 만들어진 호텔은 전 세계적으로 매우 유명하지요.

북극과 가깝다고는 하지만 스웨덴이 마냥 추운 것은 아닙니다. 봄, 여름, 가을, 겨울의 4계절이 무척 뚜렷하며 멕시코 만류의 영향으로 오히려 연중 온화한 기온을 유지합니다. 물론 4계절 중 가장 긴 것은 겨울이며, 때때로 6월이 넘는 기간 동안 계속됩니다. 이 기간 동안에는 밤에도 해가 지지 않는 백야(白夜)와 북극권에서만 볼 수 있는 오로라를 볼 수 있습니다.

우리나라와 스웨덴은 1926년 황태자 아돌프 구스타프 15세의 경주 방문을 계기로 본격적인 교류를 시작합니다. 이를 기념하여 그때 발굴되었던 봉총(鳳塚)에 그 당시 스웨덴을 표기하던 서전(瑞典)의 첫 글자를 따 서봉총(瑞鳳塚)이라는 이름을 짓기도 하였습니다.

이후 1946년 국제연합(UN)에 가입함으로써 자동적으로 중립국의 지위를 잃어버린 스웨덴은 한국전쟁 때 연합국의 일원으로 야전병원선을 파견하였으며, 1959년에는 남한과, 73년에는 북한과 정식으로 수교를 맺었습니다. 현재 한국 교민은 약 천여 명으로 양국 간의 경제·사회·학술 및 유학생들의 활발한 교류를 지원하기 위한 한국스웨덴협회가 있습니다.

유럽 최대의 종교전쟁, 30년 전쟁

크리스티나가 태어났을 때 유럽은 전쟁으로 몸살을 앓고 있었습니다. 원인은 종교와 왕조, 영토, 이해관계 등 셀 수도 없이 많았고 오늘의 동맹국이 내일의 적이 되는 일도 다반사였습니다. 그 중 가장 치열하고도 오래 지속된 전쟁은 단연 1618년부터 1648년까지 이어진 30년 전쟁입니다.

유럽 대륙의 거의 모든 지역에 걸쳐 벌어졌던 이 파괴적인 전쟁의 발단은 종교문제입니다. 당시 신성로마제국의 황제 페르디난트 2세(본문에서 나왔던 페르디난트의 아버지)가 자신의 영토 내에서 가톨릭을 강요하자 보헤미아와 오스트리아의 귀족들이 반기를 든 것이죠. 결국 이 전투는 5년 만에 페르디난트 2세의 승리로 끝이 납니다.

이렇게 전투는 끝난 듯했지만 이미 발화된 전쟁의 불씨는 주변으로 급속히 번져 나갑니다. 덴마크와 스웨덴이 시작한 전쟁이 바로 그 시발점이었죠.

가장 먼저, 그리고 큰 피해를 본 것은 덴마크였습니다. 덴마크는 신성로마제국과 보헤미아와의 전투로 전력의 공백이 생긴 독일을 침략하게 되죠. 하지만 이것은 어리석은 일이었습니다. 바로 폴란드와의 오랜 전쟁을 승리로 이끈 스웨덴의 구스타프 황제 역시 독일로 진군을 시작했기 때문입니다. 막강한 군사력을 보유한 스웨덴 군대 앞에 덴마크는 속절없이 무릎을 꿇었습니다. 결국, 이 한 번의 진군으로 스웨덴은 신성로마제국을 적대시하게 되고 그들의 종교인 가톨릭을 비판하게 됩니다.

하지만 세월이 흐름에 따라 처음의 종교 문제는 잊히고, 전쟁의 목적은 각국 지도자의 정치적 야심과 영토 확장의 욕심으로 변질되어 더욱 치열해집니다. 러시아가 뛰어들고, 한 발짝 뒤로 물러서 있던 프랑스 역시 적극적으로 전쟁에 개입합니다.

성직자들 역시 전쟁에서 자유롭지 못해 유럽은 가톨릭, 프로테스탄트, 칼뱅주의 등 3대 교파의 각축장이 됩니다. 각 군주와 고위 성직자들이 불러들인 외세와 용병들에 의한 약탈로 민간인들의 피해는 이루 말할 수조차 없었습니다.

크리스티나가 여왕이 된 것이 바로 이런 혼란의 시기입니다.

유럽의 새로운 질서 확립, 베스트팔렌 조약

크리스티나는 왕위에 오르자마자 귀족들과 원로원의 반대를 무릅쓰고 종전을 주장합니다. 오랫동안 전쟁으로 상처를 받은 스웨덴을 재건하기 위해서였지요. 당시 스웨덴은 패배를 모르던 유럽 최고의 군사 대국이었지만 오랜 전쟁 비용과 농민들의 몰락으로 붕괴되기 직전이었습니다. 이런 사정을 잘 알고 있던 귀족들도 결국에는 크리스티나의 끈질긴 설득에 마음을 돌리게 됩니다.

다행히도 전쟁 상대국인 신성로마제국의 페르디난트 3세는 아버지인 페르디난트 2세와 달리 전쟁에 회의적이었습니다. 전쟁의 또 다른 축인 프랑스의 루이 14세 역시 마찬가지였습니다. 그리하여 크리스티나가 주도하는 협상은 빠르게 진행되었습니다.

1648년, 유럽의 3대 강자인 크리스티나 여왕과 페르디난트 3세, 그리고 루이 14세가 만나는 삼자회담이 독일 베스트팔렌에서 이루어집니다. 이것이 바로 오랜 전쟁 끝에 유럽의 평화를 가져온 베스트팔렌 조약이죠.

베스트팔렌 조약은 여러 가지 의미를 지니고 있습니다.

먼저 종교적으로는 오랜 시간 동안 지속되어 왔던 가톨릭과 기독교, 즉 신·구교의 대립이 종결되었고 동시에 유럽 내에서 완전한 종교의 자유를 가져왔습니다.

그리고 이 조약은 신성로마제국의 종말을 가지고 옵니다. 독일 내 여러 군주들의 연합체이던 신성로마제국은 종교를 중심으로 뭉친 국가였습니다. 하지만 완전한 종교의 자유가 교황의 권위 하락을 불러왔고, 이를 지켜본 독일의 군주들은 신성로마제국의 영향에서 벗어나게 됩니다. 이로써 오랜 기간 유럽을 지배하던 신성로마제국은 서류상으로만 존재하는 나라로 전락한 뒤 1806년에 마침내 해체됩니다.

또한 이 조약의 결과 스웨덴과 프랑스, 독일은 강자로 부상한 반면 네덜란드를 잃은 스페인은 강국의 반열에서 뒤처지는 등 유럽의 세력판도가 새롭게 짜이기도 했습니다.

이렇듯 유럽의 모든 나라에 지대한 영향을 미친 베스트팔렌 조약은 유럽 역사상 최초로 여러 나라가 참여한 국제협약임과 동시에, 유럽 각국이 종교 중심에서 벗어나 인문 중심의 근대 정치구조를 채택하게 만든 중요한 조약입니다.

소년왕 크리스, 그리고 여왕 크리스티나의 일생

1626년 12월 8일, 구스타프 2세와 마리아 왕후와의 사이에서 태어난 크리스티나는 아들을 바라던 아버지 구스타프 2세의 바람에 따라 소년처럼 자라납니다. 건강하고 활발했던 크리스티나 역시 그것을 즐겨했던 것으로 기록되어 있습니다.

하지만 행복했던 유년시절은 길지 않았습니다. 그녀가 6살이 되던 해인 1632년에 구스타프 2세는 전투에서 사망하고 맙니다. 이때의 충격으로 어머니인 마리아 왕후는 극심한 우울증을 얻어 도저히 딸을 양육할 수 없을 지경이 됩니다. 부모님을 동시에 잃은 것이나 마찬가지가 된 크리스티나는 카타리나 숙모와 악셀 옥센셰르나(Axel Oxenstierna) 수상의 손에서 자라나 마침내 성인이 되던 1644년 왕위에 오릅니다.

크리스티나의 가장 큰 업적은 단연 베스트팔렌 조약의 체결입니다. 크리스티나가 집권할 당시 스웨덴은 군사 대국이라는 위명에 걸맞지 않게 가난한 나라였습니다. 궁전에서도 일반 농민들과 같은 음식을 먹어야만 했고, 대관식조차 돈이 없어 미룰 정도였다고 합니다. 더 이상 전쟁이 계속된다면 승리는 고사하고 스웨덴 국민들이 굶어 죽을지도 모른다는 위기감에 그녀는 베스트팔렌 조약의 체결을 서두르지요.

결론적으로 그것은 대성공이었습니다. 스웨덴은 전쟁 상대국으로부터 막대한 전쟁 배상금을 받고, 포메라니아 서부와 비스마르 항(港), 브레멘 대교구 및 페르덴 주교구를 손에 넣음으로써 발트 해를 완전히 장악하게 됩니다. 또한 오데르 강과 엘베 강 및 베저 강의 통제권을 확보하여 막대한 이윤을 얻기도 합니다.

이렇게 얻은 이익금을 크리스티나는 스웨덴의 근대화에 쏟아 붓습니다. 전국에 학교를 세우고, 농토를 개간하고, 유럽 각지의 이름 있는 학자들을 초빙합니다.

또한 북아메리카 진출을 추진하여 최초의 유럽인 정착지를 세웁니다. 지금의 델라웨어(Delaware)주 윌밍턴(Wilmington) 근교의 포트 크리스티나가 바로 그곳이지요.

이렇듯 활발히 활동하던 크리스티나는 결혼 문제로 귀족들과 갈등을 빚습니다. 귀족들은 크리스티나가 하루빨리 결혼하여 후계자를 낳아 주기를 바랐고, 크리스티나는 그렇게 되면 자신의 정체성을 잃을까 두려워했지요. 그래서 그녀는 극단적인 방법으로 퇴위를 선언하고 맙니다.

1654년 6월 5일, 그녀는 사촌인 카를 10세에게 왕관을 물려주고는 스웨덴을 떠납니다. 이후 그녀는 도나 백작이라는 이름으로 남장을 한 채 자유로이 유럽을 떠돌다가 어느 날 가톨릭으로 종교를 바꾸어 로마로 향합니다. 그리고 1689년, 그곳에서 생을 마감하고, 성 베드로 성당에 묻힙니다.

한때 현명하고 대담한 행동으로 북방의 미네르바라고 불리기도 했던 크리스티나의 이런 행보를 두고 사람들의 억측이 난무합니다. 누군가는 종교 때문에 퇴위를 한 것이라고 주장하고, 또 다른 사람들은 그때까지 그녀와 친분이 깊었던 아촐리노 추기경과의 사랑 때문에 왕위를 버린 것이라고 말하지요. 하지만 크리스티나는 끝내 입을 열지 않았고, 그것은 지금까지 그녀만의 비밀로 간직되고 있습니다.

크리스티나의 리더십

크리스티나와 다른 여왕들과의 행보 중 가장 큰 차이점은 바로 28세라는 젊은 나이에 스스로 왕좌에서 물러났다는 것입니다.

여왕이 많았던 유럽이라고는 해도 전란의 시대, 왕관을 얻기까지 그녀는 무수한 고난과 도전을 받았을 것입니다. 하지만 그녀는 그토록 어렵게 얻은 왕관을 선뜻 내놓습니다. 그것은 포기나 만용이 아닌 또 다른 용기였을 것입니다.

크리스티나는 결혼과 후사를 두고 귀족들과 갈등을 겪었습니다. 귀족들은 하루라도 빨리 그녀가 결혼하기를 바랐고, 반대로 불행했던 유년 시절을 겪은 크리스티나는 결혼만큼은 할 수 없다는 강경한 입장을 고수했습니다.

전쟁은 끝났지만 당시 스웨덴 정국은 무척 불안정하여 귀족들의 절대적인 지지가 필요한 때였습니다. 크리스티나는 더 이상의 갈등을 막기 위해 카를을 후계자로 선택한 뒤 퇴위합니다. 이 선택으로 크리스티나는 자신이 좋아하던 예술과 철학을 마음껏 공부할 수 있게 되었고, 카를이 이끄는 스웨덴은 안정을 되찾습니다.

만약 크리스티나가 여왕이라는 자리에 연연하거나 귀족들에게 굴복하여 원치 않는 결혼을 했다면 어땠을까요? 크리스티나는 어쩌면 불행한 삶을 살았을지도 모릅니다. 스웨덴은 또 다른 전쟁에 휩쓸렸을지도 모르죠. 결국 그녀의 과감한 선택은 그녀 자신은 물론 스웨덴 전체를 위한 일이었습니다. 그것은 자신의 신념을 지키고 스웨덴의 진정한 발전을 이루기 위해 필수불가결한 운명이었다고나 할까요?

여러분도 어쩌면 크리스티나와 같은 고민을 해 본 적이 있을지도 모릅니다. 어렵게 얻은 무엇으로 인해 고민에 빠지거나 마음이 불편해 진 적이 있나요?

그렇다면 숨을 들이쉬고 마음을 비워 보세요. 그리고 무엇이 최선인지 진지하게 고민해 보는 거지요. 크리스티나처럼 용기를 발휘해서 손을 활짝 펼쳐 보세요. 가진 것을 놓을 줄 아는 것이야말로 진짜 용기랍니다. 쉽지 않은 일이지만 그 한 번의 결정으로 인해서 새로운 행복을 얻게 되는 거지요.

역설적으로 들리죠? 하지만 의외로 우리 주변에는 한 가지를 버림으로서 오히려 더 많은 것을 얻는 버림의 미학이 참으로 많거든요.

어때요? 바람을 타고 고민거리가 멀리 날아가는 것이 보이나요?